AF156460

Manuela Paulick

Radio für Kinder

Trends und Entwicklungen von
Kinderhörfunk im dualen System

Paulick, Manuela: Radio für Kinder. Trends und Entwicklungen von Kinderhörfunk im dualen System, Hamburg, Igel Verlag RWS 2018

Buch-ISBN: 978-3-95485-361-8
PDF-eBook-ISBN: 978-3-95485-861-3
Druck/Herstellung: Igel Verlag RWS, Hamburg, 2018
Covermotiv: © Rico Siegel

Bibliografische Information der Deutschen Nationalbibliothek:
Die Deutsche Nationalbibliothek verzeichnet diese Publikation in der Deutschen Nationalbibliografie; detaillierte bibliografische Daten sind im Internet über http://dnb.d-nb.de abrufbar.

Das Werk einschließlich aller seiner Teile ist urheberrechtlich geschützt. Jede Verwertung außerhalb der Grenzen des Urheberrechtsgesetzes ist ohne Zustimmung des Verlages unzulässig und strafbar. Dies gilt insbesondere für Vervielfältigungen, Übersetzungen, Mikroverfilmungen und die Einspeicherung und Bearbeitung in elektronischen Systemen.

Die Wiedergabe von Gebrauchsnamen, Handelsnamen, Warenbezeichnungen usw. in diesem Werk berechtigt auch ohne besondere Kennzeichnung nicht zu der Annahme, dass solche Namen im Sinne der Warenzeichen- und Markenschutz-Gesetzgebung als frei zu betrachten wären und daher von jedermann benutzt werden dürften.

Die Informationen in diesem Werk wurden mit Sorgfalt erarbeitet. Dennoch können Fehler nicht vollständig ausgeschlossen werden und die Diplomica Verlag GmbH, die Autoren oder Übersetzer übernehmen keine juristische Verantwortung oder irgendeine Haftung für evtl. verbliebene fehlerhafte Angaben und deren Folgen.

Alle Rechte vorbehalten

© Igel Verlag RWS, Imprint der Diplomica Verlag GmbH
Hermannstal 119k, 22119 Hamburg
http://www.diplomica.de, Hamburg 2018
Printed in Germany

„Kinder-Radio lohnt sich!"

Baacke, Dieter in Schill, Wolfgang/Baacke, Dieter (1996) S. 48

Für Finja und Lina

Inhaltsverzeichnis

Abbildungsverzeichnis

Tabellenverzeichnis

Abkürzungsverzeichnis

ARD	-	Arbeitsgemeinschaft der öffentlich-rechtlichen Rundfunkanstalten der Bundesrepublik Deutschland
AV	-	Audio-visuell
BR	-	Bayrischer Rundfunk
bzw.	-	beziehungsweise
ca.	-	circa
DAB	-	Digital Audio Broadcasting, ein digitaler terrestrischer Hörfunk-Übertragungsstandard
DLR	-	Deutschlandradio, ein öffentlich-rechtlicher Hörfunkveranstalter
DVB-T	-	Digital Video Broadcasting – Terrestrial (Digitale Videoübertragung – Antennenfernsehen)
f	-	folgend
ff	-	fortfolgend
Fr	-	Freitag
h	-	Stunden
HR	-	Hessischer Rundfunk
KIM	-	Kindheit, Internet, Medien (Basisstudie zum Medienumgang 6- bis 13-Jähriger in Deutschland)
KiRaKa	-	KinderRadioKanal
Mo	-	Montag
MDR	-	Mitteldeutscher Rundfunk
min	-	Minute/n
mind.	-	mindestens
n	-	Stichprobenmenge
NDR	-	Norddeutscher Rundfunk
S.	-	Seite
SFB	-	Sender Freies Berlin
SR	-	Saarländischer Rundfunk
SWR	-	Südwestrundfunk
u.a.	-	und andere
UKW	-	Ultrakurzwelle
USA	-	United States of America (Vereinigte Staaten von Amerika)

vgl.   -   vergleiche

WDR   -   Westdeutscher Rundfunk

YNBS FM   -   Nationalitätenradio der Volksradiostation Yunnan FM

z.B.   -   zum Beispiel

ZDF   -   Zweite Deutsche Fernsehen

1. Einleitung

„Kinderprogramm gehört zu den Pfeilern der Grundversorgung durch den öffentlich-rechtlichen Rundfunk. Diese Erkenntnis hat sich inzwischen doch durchgesetzt. Es ist im Übrigen auch eine Möglichkeit, eine der wenigen muss man sagen, wo sich öffentlich-rechtliches Programm noch als Qualitätsprogramm definieren kann. Eine der Nischen, die uns freundlicherweise noch die privaten Hörfunkanbieter gelassen haben, denen Kinderprogramm zu produzieren offensichtlich zu teuer ist", so der Leiter der Programmgruppe Familie und Gesellschaft beim WDR-Hörfunk Wolfgang Schmitz auf der Berliner Tagung „Kinder und Radio" am 19. Mai 1995. Zu diesem Zeitpunkt war sich das öffentlich-rechtliche Fernsehen offensichtlich sicher, als einziger Anbieter mit einzelnen Programmteilen die Zielgruppe der Kinder zu bedienen.

Somit kann davon ausgegangen werden, dass das Thema Kinderradio insbesondere im Hinblick auf ein Vollprogramm schon vor der Existenz eines Kinderfernsehsenders – dem seit 1997 ausgestrahlten Ki.Ka – seit über 20 Jahren relevant diskutiert und beurteilt wird.

Zwar gab vor 2005 schon Kinderradioprogramm, jedoch ist es den meisten Kindern unbekannt. Nur ca. 10% der Zielgruppe hören das für sie zugeschnittene Programm, lediglich 5% davon regelmäßig. Ständig wechselnde Sendezeiten und Programmplätze machen das Finden von Kinderhörfunksendungen nicht einfach – erst recht nicht für die kleinen Hörer. Daher wünschen sich zwei Drittel aller Kinder eigenes Kinderradio mit festem Programmplatz.[1]

In diesem Buch werden die Notwendigkeit eines Kinderradios dargestellt, Kriterien zu dessen Beurteilung dargelegt und das erste private deutsche Kinderradio Radio TEDDY auf Grundlage der Kriterien analysiert.

Auf eine ausführliche historische Profilierung bzw. einen historischen Abriss von Kinderradio und Kinderhörfunkprogrammen wird verzichtet, da diese sehr umfang-

---

[1] vgl. Bergmann u.a. 2002 S. 16

reich wär und in der bisher erschienenen Literatur mehrfach ausführlich aufgegriffen und erforscht wurde.[2]

Als viel wichtiger wird in diesem Buch die Frage der Einordnung eines Kinderradiosenders in die aktuelle Rundfunklandschaft eingeschätzt. Daher ist eine Bestandsaufnahme auf der Grundlage des Jahres 2006 und Konkurrenzbeobachtung, in Abschnitt 2.5. zu finden, von größerer Bedeutung.

Die Inhalte und Kriterien von Kinderradio und deren Umsetzung im aktuellen Kinderradioprogramm vom ersten deutschen privaten Kinderradio Radio TEDDY stehen im Vordergrund. Dabei wird folgenden Fragen nachgegangen:

- Warum überhaupt Kinderradio?
- Was macht Radio kinderfreundlich und kindgerecht?
- Welchen Kriterien sollte Kinderradio entsprechen?
- Entspricht Radio TEDDY diesen Kriterien?

„Wer sich nicht nur den kompetenten Seher, sondern auch Hörer, Sprecher und Schreiber wünscht, nimmt Kinder ernst und bietet ihnen ein Radio … [bzw.] gezielt Hörmedien an, um sie zu bewusstem Zuhören und sprachlichem Handeln herauszufordern, um sie neugierig auf die Welt zu machen und um sie zu Entdeckungsreisen in Fantasie und Wirklichkeit einzuladen."[3] Dass solch ein Kinderradio heute in einer weitgehend ‚formatierten Radiolandschaft' fehlt, ist weitläufig bekannt.

---

[2] Weiterführende Lektüre: Zur historischen Entwicklung von Kinderhörfunk existiert zahlreich Literatur. Hier wird eine Auswahl von Bestandsaufnahmen und -analysen aufgelistet, welche einen historischen Abriss von der Entstehung bis in die Neuziger Jahre gibt:
- **Heidtmann, Horst**: (2002) „Heiter sind wir, immer froh, wir und unsere Tante Jo". Zur Geschichte in der Bundesrepublik. In: Alle mal herhören: Kinder wollen Radio, hg. Von der Gesellschaft für Medienpädagogik und Kommunikationskultur, Bielefeld S. 8-9
- Heidtmann, Horst: Hörfunk für Vorschulkinder. In: Deutsches Jugendinstitut: Handbuch Medienerziehung im Kindergarten Teil 1, Opladen, 1994 S. 324ff
- Elfert, Brunhild (Dissertation: Die Entstehung und Entwicklung des Kinder- und Jugendfunks in Deutschland von 1924 bis 1933 am Beispiel der Berliner Funk-Stunde AG, Frankfurt/M. 1985.);
- Flottau, Heiko: Hörfunk und Fernsehen heute. 2. völlig neu bearbeitete Aufl. München 1978;
- Knott, Brigitte: Die Kinderprogramme und ihre Inhalte. In: Funk-Korrespondenz 45/1978;
- Lerg, Winfried: Die Entstehung des Rundfunks in Deutschland. Herkunft und Entwicklung eines publizistischen Mittels. Frankfurt/M. 1965;
- Reus, Gunter/Friederike Harmgarth: Kinderfunk am Ende der 80er Jahre. Bestandsaufnahme einer Programmsparte. In: Rundfunk und Fernsehen 3/1989. S. 309-328;
- Eine zusammenfassende Literaturauflistung: Paus-Haase, Ingrid; Elling, Elmar: Kinder und Hörfunk – Eine annotierte Bibliographie 1999 S.7ff

[3] http://www.ifak-kindermedien.de/pdf/Radiotagung.pdf 2003

Entspricht jedoch Radio TEDDY den Erwartungen, Voraussetzungen und Anforderungen von Kinderradio?

Eine Analyse des Kinderhörfunkprogramms nach bestimmten Kriterien wird Aufschluss über Inhalt und Format geben.

2.   Radio für Kinder

Um die Komponenten Kinder und Radio untersuchen zu können, muss einerseits definiert werden, was unter Radio und andererseits unter Kindern verstanden bzw. welche Altersgruppe zu ihnen gezählt wird. Auch ist zu klären, inwiefern Radio Kinder beeinflusst, bzw. welche Rolle Radio im Leben von Kindern bezüglich anderer audio oder audiovisueller Medien einnimmt. Somit wird im Abschnitt 2.2. das aktuelle Nutzungsverhalten von Medien durch Kinder untersucht, um später Rückschlüsse auf das Angebot ziehen zu können. Inhaltliche Aspekte, warum Kinder Radio hören bzw. welche Inhalte sie bevorzugen, werden im Punkt 2.3. näher gebracht.

Kinderradio beinhaltet ein eigens für Kinder entwickeltes Hörfunkprogramm. Hierbei ist Kinderradio laut Ingrid Paus-Hasebrink (In: Schill/Linke/Wiedemann 2004) „zentraler Teil der Kinderkultur" sowie „medienpädagogische Chance und Verpflichtung". Folgende Punkte geben Aufschluss zur Definition von Radio und wie es sich von anderen Hörmedien abgrenzt, zur Definition von Kindern und wie sich Radio auf Kinder formativ spezialisiert.

2.1   Radio – Definition

Rein technisch betrachtet, ist "Rundfunk, die entweder drahtlose oder via Kabel bzw. Satellit mittels elektromagnetischer Wellen erfolgende akustische und/oder visuelle Verbreitung von Informationen bzw. Darbietungen, die der Öffentlichkeit zugänglich gemacht werden sollen. Neben Fernsehrundfunk wird im engeren Sinne vor allem der Hörfunk als Rundfunk bezeichnet."[4]

„Das Radio war das erste elektronische Massenmedium. Anfangs wurde der Begriff "Hörfunk" gleichbedeutend mit Rundfunk, dann in Abgrenzung zum Fernsehen von Technikern als Tonrundfunk gekennzeichnet. … Bereits am 29.10.1923 war in Berlin das erste reguläre Radioprogramm Deutschlands auf Sendung gegangen." In Deutschland startete der regelmäßige Programmbetrieb im Oktober 1923. … Der Hörfunk hat eine Vielzahl neuer journalistischer Darstellungsformen geschaffen. Viele der heute noch gebräuchlichen Formen, wie Hörspiele, Reportagen, Features,

---

[4] Microsoft Encarta Professional 2002

16

Ratgebersendungen und Bildungssendungen wurden bereits in den ersten Jahren der Existenz dieses neuen Mediums entwickelt. … Im Zuge der Digitalisierung haben sich Produktion und Verbreitung der Hörfunksendungen deutlich verändert."[5]

Hörfunk bzw. Radio grenzt sich von den auditiven Medien dadurch ab, dass es nicht beliebig abrufbar bzw. verfügbar und wiederholbar ist.[6] Es handelt sich hierbei nicht um einen Tonträger, den man temporär unabhängig nutzen kann. Radio ist ein Live-Medium, welches nur zur Zeit der Ausstrahlung mittels eines Empfängers – dem Radiogerät – rezipiert werden kann. Auditive Medien beinhalten neben dem Radio die Tonträger (CD, MC, LP oder auch MP3-SPEICHERMEDIUM), welche dem Radio große Konkurrenz machen. Nach Klingler hat der Hörfunk „für Kinder auch im Vergleich mit den auditiven Speichermedien an Bedeutung verloren."

„In einer weitgehend mediatisierten Erfahrungswelt nimmt das Radio einen eher unauffälligen Platz ein, erscheint aufgrund der fehlenden Visualität als das ideale ‚Nebenbei-Medium', das sich in viele Lebensbereiche einschmiegt und ganz unauffällig an unserer Verhaltensmodellierung arbeitet. Weil wir oft so wenig darauf achten, was uns erzählt, vorgesungen und aufgeredet wird, findet das Radioangebot so leicht Eingang in unsere Vorstellungswelten."[7] Der Hörfunk hat die Aufgabe, als rein akustisches Medium die „Welt für das Ohr darzustellen, und … reine Formeigen-schaften seines Gestaltungsmaterials, eben des Klangs, herauszuarbeiten"[8]. Dabei geht es Arnheim nicht nur um die Pflege des gesungenen Wortes, sondern um die künstlerische Aufgabe des Hörfunks, den „Musikklang als Geräusch und Sprache" sowie die „Verbindung von Musik, Geräuschen und Sprache zu einem einheitlichen Klagmaterial", denn „erst die akustische Aktion, die Handlung bewirkt die Existenz".[9]

2.2 Kinder – Definition

Bei der Definition von Kindern muss einerseits die formale Unterscheidung der Altersgruppen anhand der verwendeten Literatur und andererseits die Fähigkeiten

---

[5] www.ndr.de (Suchbegriff: Hörfunk 12.12.2006)
[6] vgl. Walter Klingler In: Schill/Baacke (1996) S. 29
[7] Hickethier, Knut 1997 S. 8
[8] Arnheim, Rudolf 2001 S. 25
[9] vgl. Arnheim, Rudolf 2001 S. 24 & 98

der Kinder aus entwicklungspsychologischer Sicht und deren Fähigkeiten im Umgang mit Medien, im Speziellen dem Radio, Beachtung finden.

2.2.1 Einschränkung der Altersgruppe der Kinder

Als Kinder werden in unterschiedlicher Literatur[10] verschiedene Altersgruppen gesehen. Die Abgrenzung sowohl nach oben, als auch nach unten ist variabel. Um eine einheitliche und allgemein verständliche Ausgangslage zu schaffen, wird für dieses Buch eine bestimmte Altersgruppe als relevante Gruppe festgelegt, die als Kinder definiert und als Zielgruppe angesehen werden. Der zu untersuchende Gegenstand ist in dem Fall der private Kinderhörfunksender Radio TEDDY. Seine Zielgruppe schließt die 0- bis 15- Jährigen ein[11]. Feierabend und Mohr haben anhand einer Studie festgestellt, „dass Medien bereits im Leben von Zwei- bis Fünfjährigen eine wichtige Rolle spielen, wenngleich die Bedeutung bei den älteren Kindern noch ansteigt."[12] Weil das „Aufwachsen von Beginn an durch Medien geprägt und von Medien begleitet wird"[13], sind nicht nur schulpflichtige Kinder, sondern ebenso Kindergartenkinder bzw. Vorschulkinder beim Thema Kinderradio relevant und müssen somit bei näheren Untersuchungen berücksichtigt werden.

In der Altersgruppe der 2- bis 5-Jährigen liegen bisher im Gegensatz zur Fernsehforschung kaum Erkenntnisse über Hörfunknutzung vor. Nur mit Hilfe einer erwachsenen Auskunftsperson lässt sich deren Nutzungsverhalten erheben.[14] Da solche Erhebungen auch erst in den letzten Jahren durchgeführt wurden, lassen sich bezüglich dieser kritischen Altersgruppe der Klein- und Vorschulkinder „nur Tendenzen belegen bzw. beschreiben."[15] Die meisten Umfragen und Erhebungen machen erst ab einem Alter von 6 Jahren Sinn bzw. sind erst dann qualitativ verwertbar. Der Grund dafür ist, dass Kinder bis zu 5 Jahren nicht vollständig und konsequent nach ihren Wünschen und Vorstellungen handeln oder urteilen. Sie sind noch sehr stark an den Vorgaben ihrer Eltern orientiert, denn erst im Alter von 10 Jahren grenzen sie sich von ihnen ab (siehe Unterabschnitt 2.2.2).

---

[10] Heidtmann, Horst 2002; Media Perspektiven (div.); Radio TEDDY 2005; Paus-Haase, Ingrid (KIM Studie (2005); Paus-Haase, Ingrid (2001)
[11] vgl. Radio TEDDY 2005
[12] Feierabend, Mohr 2004 S. 460
[13] Feierabend, Mohr 2004 S. 460
[14] Feierabend, Sabine; Mohr, Inge 2003 S. 453
[15] Heidtmann, Horst 1994 S.323

Je nach Quelle variiert die obere Altersgrenze zwischen 13 und 14 Jahren. Der Radiosender Radio TEDDY, auf welchen in Kapitel 4 näher eingegangen wird, zählt zu seiner Zielgruppe sogar die 15-Jährigen.

Jedoch wird Radio TEDDY von der Arbeitsgemeinschaft der Landesmedienanstalten als „ein reines Kinderhörfunkprogramm für 3- bis 12-Jährige"[16] gesehen. In den Media Perspektiven 2001 wird dies bestätigt, indem bei den 13- bis 20-Jährigen schon von der Adoleszenz gesprochen wird.[17] Radio TEDDY selber richte angesichts der Werbenden sein Programm auf „die relevante Zielgruppe der bis 15-Jährigen"[18] aus.

Aufgrund dieser verschiedenen Untersuchungen und Abgrenzungen ist es notwendig, eine eigene Altersgrenze für Kinder für dieses Buch festzulegen. Da die meisten Umfragen und Studien, auf denen die grundlegenden Informationen und Ergebnisse basieren, die Grenze nach dem 14. Lebensjahr ziehen, repräsentative, regelmäßig erfasste Daten mittels der Mediaanalyse erst ab dem Alter von 14 Jahren in Deutschland vorliegen und Kinder in diesem Alter schon zu Jugendlichen bzw. jungen Erwachsenen gezählt werden, steht die Definition fest:

In dieser Arbeit werden zu Kindern die 3- bis 13-Jährigen gezählt, wobei noch einmal in Kindergartenkinder, die 3- bis 5-Jährigen, Grundschulkinder, die 6- bis 10-Jährigen, und ältere Kinder, die 11- bis 13-Jährigen unterschieden wird.

Für die Trennung nach Alter bzw. nach Kindergarten- oder Schulkind sind nicht nur ein abweichender Tagesablauf und Rezeptionsgewohnheiten wichtige Gründe. Die Hauptursache dieser Trennung nach Formalien ist die unterschiedliche Wahrnehmung und das Verständnis der Inhalte, die durch Radio übermittelt werden.

---

[16] ALM Jahrbuch 2005 S. 344
[17] Media Perspektiven 2001 S. 84
[18] Radio TEDDY 2005

2.2.2 Wahrnehmung, Entwicklung und radiobezogene Fähigkeiten von Kindern

Beim erwachsenen Menschen erfolgt etwa ein Drittel der Wahrnehmung durch das Hören.[19] Abweichend von den Erwachsenen müssen Kinder ihre Umgebung erst kennen lernen und ihren Hörsinn schulen. Kinder entwickeln ihre Hörgewohnheiten und Medienkompetenz erst im Laufe ihrer Kindheit. Der Hörsinn ist eines der ersten ausgeprägten Sinne, mit dessen Hilfe schon im Mutterleib Reize der Umwelt, wie Geräusche, Musik oder die Stimme der Mutter wahrgenommen werden können. Im Gegensatz zu den Erwachsenen dominiert bei jüngeren Kindern noch nicht der Sehsinn. Auch der Tastsinn hat starken Einfluss auf die Wahrnehmung bis zum dritten Lebensjahr. Jedoch bleibt der Hörsinn für die ersten Lebensjahre viel wichtiger. Somit entdecken Kinder bis ins Grundschulalter mit besonderer Freude Töne, Geräusche und Klänge.[20] Die Aufnahme und Verarbeitung von Tönen und Sprache wird geschult und bildet im Laufe der Jahre ein Verständnis für das Gehörte aus. „Hören und Sprechen sind mit Abstand die dynamischsten und komplexesten Leistungen der menschlichen Informationsverarbeitung überhaupt. Sie sind entschiedene Mittel zur Entfaltung der Persönlichkeit sowie zur Auseinandersetzung mit der Umwelt. Sie übertreffen dabei deutlich die Leistung bei der visuellen Wahrnehmung. Das Gehör ist empfindlicher und schneller."[21]

Beim Erlernen des Spracherkennens durchlaufen Kinder verschiedene Phasen. Im Vorschulalter existieren zwei sensible Phasen bei der Entwicklung des Hörsinns, wie folgende Darstellung belegt.

---

[19] vgl. Heidtmann, Horst 2004 S. 2
[20] vgl. Heidtmann, Horst 2004 S. 2
[21] Spreng Manfred 2004 S. 1

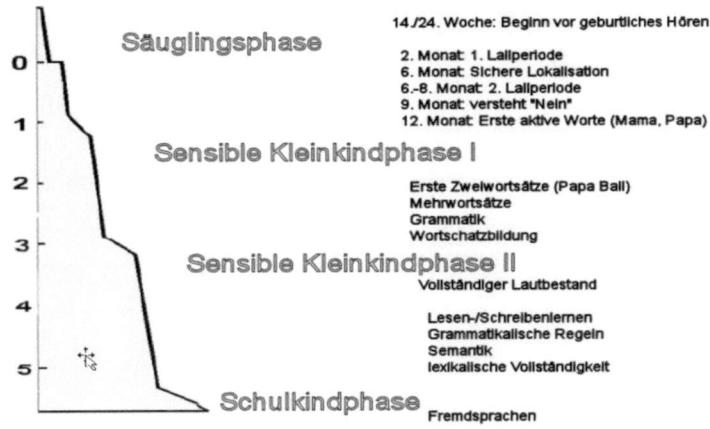

Abbildung 1: Hör-/Sprechentwicklung von Kindern
Quelle: Spreng, Manfred 2004 S. 7

In der ersten sensiblen Phase – vom sechsten Monat bis zum zweiten Lebensjahr – entwickeln Kinder erst in der Lingualen Phase ein erstes Sprach- und passives Wortverständnis. Lärm kann in dieser Phase ein retardiertes oder defizitäres Hörsystem hervorrufen. Entscheidend für eine normale Sprachentwicklung ist hierbei die Zuwendung, die das Kind in einer kommunikationsfördernden Umgebung erfährt, und „eine relativ ungestörte Hörerfahrung vom ersten Lebenstag an"[22].

In der zweiten sensiblen Phase – vom vierten bis zum sechsten Lebensjahr – befindet sich das Kind in einem für Kinderradio relevanten Kleinkindbereich. In dieser Phase werden der Lautbestand vollständig entwickelt und Voraussetzungen für das Lauschen, welches das Unterdrücken bestimmter Frequenzen durch Aufmerksamkeitszuwendung voraussetzt, geschaffen.

Der Hörsinn kann im Gegensatz zum Sehsinn nicht willkürlich abgeschaltet werden. Er ist immer präsent und das Kind kann durch ihn selbst im Schlaf seine Umgebung wahrnehmen.[23]

In dieser zweiten Phase wirkt sich Lärm auch negativ auf die Sprachwahrnehmungsfähigkeit, Sprachproduktion und Lernfähigkeit aus. Wie in folgender Abbildung

---

[22] Spreng Manfred 2004 S. 14
[23] vgl. Heidtmann, Horst 2004 S. 3

zu sehen ist, kann Radio in unangemessener Lautstärke das kindliche Gehör schädigen. Denn was dauerhaft stört und belastet, macht krank! Die körperliche Belastung durch Lärm kann eindeutig gemessen und nachgewiesen werden. Nächtlicher Verkehrslärm mit 55 dB (A) führt zu Störungen des Schlafs, die längerfristig gesundheitsschädlich sind. Geräuschpegel von 85 dB (A) verursachen bei andauernder Einwirkung Gehörschädigungen. Leises Radio wird in folgender Abbildung mit 50db gemessen. Radiohören bei Zimmerlautstärke während des Einschlafens oder lautes Hören kann demnach bei Kindern Schäden hervorrufen.

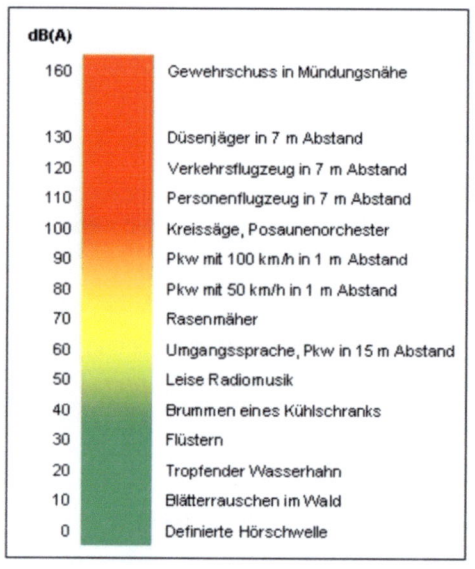

Abbildung 2: Pegelbereiche für Lärm in der Umwelt, nach Rat von Sachverständigen für Umweltfragen (SRU), 1999

Quelle:
www.lgl.bayern.de/gesundheit/
arbeitsplatz_umwelt/
physikalische_umweltfaktoren/
laerm_grundlagen.htm

Die Ausbildung des Hörsinns im Kindergartenalter bildet eine Grundlage für die weitere Entwicklung der zunehmenden sprachlichen Kompetenz.

Erst in der Schulkindphase ab sechs Jahren entwickelt sich Verständnis für grammatikalische Regeln, Semantik und lexikalische Vollständigkeit. Die Wörter werden nicht mehr als Ganzes wahrgenommen, sondern es wird die phonetische Bewusstheit geweckt: Die Wahrnehmungsfähigkeit erhöht sich, Sinnfähigkeiten werden gezielt erfasst, Klanggestalten unterschieden und leise Töne und Geräusche erkannt. Ebenso erlernen Schulkinder in dieser Phase die Wortbedeutung und Begriffsbildung. Somit geht nach Spreng die „Umfunktionierung des akustischen Angebots zur reinen Signalfolge, Verarmung des emotionalen Hörerlebnisses und die daraus folgende Konsequenz der notwendigen Erhöhung der Signalmenge, ... heutzutage einher mit dem Verlust der Fähigkeit für das Hören leiser Ereignisse, leiser Töne, leiser Worte."[24]

Um Medien zu verstehen bzw. Radio zu hören, ist nicht nur physisches Erkennen von Wörtern und Sätzen, sondern auch psychisches Verarbeiten des Gehörten notwendig. Um Inhalte zu verstehen, wird seitens der Kinder auf bereits vorhandenes Wissen, das u.a. durch Erfahrungen erlernt wurde, zurückgegriffen. Jedoch sind diese Grundlagen erst bruchstückhaft vorhanden. Die Fähigkeiten müssen sich mit wachsender Mediennutzung und -erfahrung erst noch entwickeln. Dieser Prozess, sich Fähigkeiten zum Verstehen von Radio anzueignen, ist erst mit dem Ende der Kindheit abgeschlossen.[25]

In den verschieden Altersstufen lassen sich bezüglich der kindlichen Entwicklung jeweils definierte Niveaus der geistigen und sozial-moralischen Fähigkeiten der Kinder erkennen. Jedoch kann man den Entwicklungsprozess und die damit verbundenen Entwicklungsstufen nicht pauschalisieren, denn das biologische Alter hat ebenso wie die soziale Umgebung und deren Anregungen Einfluss auf die individuell gemachten und verarbeiteten Erfahrungen. Durch diese wiederum gelangen Kinder zu neuen Ansichten, die den Entwicklungsprozess beeinflussen. Somit gibt das Lebensalter lediglich einen Rahmen vor, ist also ein Anhaltspunkt für den Stand der kindlichen Entwicklung und kann nicht allgemeingültig Verwendung finden. Um jedoch Medien nutzen zu können, müssen spezielle radiobezogene Fähigkeiten ausgebildet werden, welche zusätzlich erst mit zunehmender Hörfunkerfahrung erworben werden. Kinder sollen lernen, beim Radiohören Realität und Fiktion zu trennen, sowie inhaltlich und formal Eigenschaften zu verstehen und zu deuten. Das Radio fordert somit die gesamte Aufmerksamkeit des Kindes.[26]

Die folgende Tabelle zeigt die kindliche Entwicklung mit wachsenden Kompetenzen in den verschiedenen Altersstufen. Dabei kennzeichnet die kognitive Fähigkeit das Niveau, auf dem das Kind physikalische Zusammenhänge und logische Probleme versteht. Die sozial-moralische Fähigkeit bezeichnet den Stand, inwieweit das Kind

---

[24] vgl. Spreng, Manfred 2004 S.1
[25] vgl. Theunert, Helga u.a. 1995 S. 43ff
[26] vgl. Theunert, Helga u.a. 1995 S. 43ff

soziale Beziehungen eingehen, diese erfassen kann und welche moralischen Orientierungen es dabei beeinflusst.

Alter in Jahren	Kognitive Fähigkeit	Sozial-moralische Fähigkeit	Radiobezogene Fähigkeit
3-6	Denken ist an den unmittelbaren Augenschein gebunden	Beziehungen werden nur egozentrisch betrachtet	Wortbeiträge: - Fiktion und Realität werden nicht sicher getrennt - Radioinhalte und eigene Erfahrungen vermischen sich oft - Geräusche und Stimmen werden wahrgenommen, wenn ein Bezug zum eigenen Ich entdeckt wird - Suche nach Modellen, um Persönlichkeit zu stärken Musik: - Große Freude am Entdecken von Tönen, Melodien
6-10	An konkreten Beispielen werden verschieden Aspekte gedanklich verbunden und Handlungsfolgen abgeschätzt	Situationsbezogen wird zunächst die Sichtweise eines direkten Gegenübers nachvollzogen. Allmählich gelingt es, sich selbst aus der Warte des Gegenübers zu beurteilen	Wortbeiträge: - Fiktion und Realität werden sicher unterschieden - Formate und Genre werden erkannt und getrennt - Personen mit Bezug zur eigenen Lebenswelt werden zunehmend differenziert betrachtet - Suche nach Konzept für Geschlechterrollen (Identität) Musik: - Erwerben grundlegende musikalische Kompetenzen einer Musikkultur
10-13	Abstrakte Zusammenhänge werden begriffen und können verallgemeinert werden.	Verschiedene Sichtweisen von mehreren Menschen werden realisiert und können gleichzeitig koordiniert werden. Beziehungen können auch distanziert beobachtet werden.	Wortbeiträge: - Rezeption bedingt eigene Interessen, welche die Umwelt und andere Personen einbeziehen - formale, dramaturgische und inhaltlichen Dimensionen werden ausgeformt - Suche nach eigenen, selbständigen Wegen ohne Erwachsene Musik: - Entwicklung des eigenen Musikgeschmacks - Abgrenzung von Erwachsenen

Tabelle 1: Entwicklungsverlauf in Bezug auf Radio

Quelle: nach Theunert u.a. 1995, S. 49, vgl. Gembris, Heiner 2002

Die radiobezogene Fähigkeit soll spezifisch für den Hörfunk das Niveau angeben, auf dem Kinder den Angeboten folgen, diese verstehen und beurteilen können. Dabei sollte im Radio zwischen Wortbeiträgen, wie Geschichten, Hörspielen bzw. Features und Musik unterschieden werden. Beides verlangt im Gegensatz zum Fernsehen unterschiedliche Aufmerksamkeit. Bei der Rezeption von Medien – hier insbesondere Geschichten, Erzählungen und Hörspiele – greifen Kinder auf ihre eigenen Erfahrungen zurück und bauen ihr Verständnis darauf auf. Im Vorschulalter nehmen sie meist nur die Radioinhalte aufmerksam wahr, die sie schon mal erlebt haben, oder mit sich in Beziehung setzen können. Sie begeben sich oft selbst mit ihren Vorstellungen in die erzählten Personen und Geschichten. Auch Fiktion und Realität können in diesem Alter noch nicht sicher voneinander getrennt werden. Erst zum Ende des 5. Lebensjahres gelingt es den Kindern beim Fernsehen beispielsweise Trickfiguren als fiktive Darsteller und Schauspieler als reelle Menschen zu unterscheiden. Dies gilt ebenso für Werbung, deren eigentliches Konsum anregendes Ziel Vorschulkinder noch nicht verstehen können. Auch orientieren sie sich eher an Formen wie z.B. das Aussehen von Protagonisten und die Darstellung dieser als an deren Charakter und am Inhalt. Äußere Merkmale sind für diese Kinder greifbarer als Gefühle oder Empfindungen. Schwieriger wird dies beim Radio, da hier der unterstützende visuelle Teil wegfällt, muss der Unterschied durch die Stimmen bzw. den Erzähler deutlich gemacht werden. Auch Handlungsverläufe, Dramaturgie und Erzählmuster werden von Kindern im Vorschulalter nicht erkannt, wenn sie nicht eindeutig in Worte gefasst werden. Einfache Gegensatzpaare, die beispielsweise Gut und Böse darstellen, werden wahrgenommen, wie auch Charaktere, die schon bekannt sind. Die Wahrnehmung für Personen und Gefühle verfeinert sich mit dem nahenden Schulalter.

Demnach erkennen Kinder im Grundschulalter konkrete logische Verknüpfungen und können Handlungsfolgen voraussehen. Sie lernen durch intensives und konzen-triertes Zuhören sich im Kontext zu ihrer Umwelt kennen und bemerken, dass verschiedene Personen anders empfinden, und andere Ansichten haben. Denn „für die Kommunikation, für die sozialen Beziehungen zwischen Menschen ist der

Hörsinn wichtiger als der Sehsinn, denn über die gesprochene Sprache realisieren sich am stärksten kommunikative Kompetenzen."[27]

Bis zum achten Lebensjahr haben die Kinder aufgrund ihrer bereits vorhandenen Radioerfahrung gelernt, verschiedene Genre anhand inhaltlicher und formaler Elemente zu unterscheiden und Realität und Fiktion zu trennen. Jedoch ist ihre Sicht noch subjektiv und im Zusammenhang mit sich selbst und ihrer Umwelt eingeschränkt.

Ab dem elften Lebensjahr ist das logische Denken weitgehend entwickelt. Die Kinder können sich in andere Menschen und deren Sichtweisen hineinversetzen, nehmen aus ihrer Umwelt Regeln und Werte von Personen bzw. der Gesellschaft auf und nähern sich dem Verständnis von Erwachsenen. Sie denken über Gehörtes nach, und rezipieren komplexere Inhalte, wobei sie die Bedeutung und Wirkung von Hörfunkangeboten erst im Jugendalter erkennen. Inhaltliche, formale und dramaturgische Dimensionen werden verstanden und auf Ästhetik wird Wert gelegt. Der Einfluss der Umwelt nimmt zu. Kinder ab dem zehnten Lebensjahr streben nach Unabhängigkeit und wollen sich von den Erwachsenen und deren Ansichten sowie von deren Musikgeschmack abgrenzen. Radioinhalte können je nach dem, ob sie für das entsprechende Alter kognitiv und sozialmoralisch zugeschnitten sind, fördernd wirken und die Entwicklung unterstützen oder auch behindern.[28]

Dennoch „sind oft den für die Hörerziehung Verantwortlichen wesentliche Grundlagen von kindlichen Entwicklungsvorgängen und Entwicklungsstadien nur wenig bekannt."[29] Mit dem Wissen dieser Entwicklung des kindlichen Verständnisses des Gehörten im Zusammenhang mit Radiorezeption lassen sich einerseits Gefahren durch nicht verständliche bzw. nicht altersgerechte Inhalte erahnen. Andererseits sind auch Möglichkeiten der Förderung von Kindern im Hören und Verstehen gegeben.

---

[27] Heidtmann, Horst 2004 S. 3
[28] vgl. Theunert, Helga u.a. S. 54ff
[29] Spreng Manfred 2004 S. 1

2.3 Wirken von Radio auf Kinder

Was kann bzw. soll Radio bei Kindern bewirken? Die Medien – im Speziellen der Hörfunk – „liefern Informationen, dienen der Unterhaltung, können aber auch ängstigen, desorientieren und langfristig beeinträchtigen, wenn Inhalte nicht altersgerecht sind."[30] Die Rezeption von Radio durch Kinder stellt somit einerseits Chancen und Möglichkeiten, welche die Notwendigkeit von Radio aufweisen, und andererseits Gefahren dar, welche verdeutlichen, dass es notwendig ist, Kriterien für Kinderradio aufzustellen. Im Folgenden sind diese aufgelistet:

Gefahren durch Radio-/Medienrezeption:

- Werbung wird nicht von Inhalten unterschieden
- Fiktives wird nicht von Reellem unterschieden
- Gefahr durch Darstellung von gewalttätigen und sexuellen Handlungen
- Reizüberflutung (bei nicht altersangemessenen Sendungen, unangemessene Lautstärke)
- Störungen der Entwicklung der sprachlichen Kompetenz
- Verlust innerfamiliärer Kommunikation[31]
- mehr Zeit für Medien verwendet, weniger Zeit für andere kulturelle und sozial „wertvolle" Aktivitäten
- Rückgang der Lesekultur

Möglichkeiten durch Radiorezeption:

- Erziehung in Form vom Einhalten des Tagesrhythmus
- altersgerechte Wissensvermittlung
- verständliche Erklärung der Umwelt
- Moodmanagement
- Schulen des Hörsinns durch Ästhetik
- Schulen des intensiven Zuhörens
- Sprach- und Lesekompetenz fördern
- Radio liefert Gesprächsstoff

---

[30] Mohr, Inge in Arbeitsgemeinschaft der ö.-r. Rundfunkanstalten der Bundesrepublik 2005 S. 49
[31] Kriterien vgl. F. Ronneberger in Hinrichs, Michael 1988 S. 40

Anhand dieser Auflistung ist zu erkennen, dass viele Gefahren auch als Chancen gesehen werden können. Somit wird davon ausgegangen, dass die Gefahren von Radiorezeption hauptsächlich in der Vermittlung falscher Inhalte liegen. Wenn das Programm an die Bedürfnisse der Kinder angepasst ist, und die Möglichkeiten der Entwicklungs- und Kompetenzförderung voll ausschöpft sind, hat Radio prinzipiell meist positiven Nutzen für die kleinen Hörer. Diese Auflistungen dienen unter anderem als Basis für die Erstellung der Kriterien für Kinderradio.

Um mit einem Radioprogramm intensiv Kinder zu fördern, und eben ein Programm zu schaffen, das nur für Kinder gemacht ist, wurde versucht, diesen Ansprüchen in speziell für Kinder definierten Radioformaten gerecht zu werden.

2.4 Format von Kinderradio

In den neunziger Jahren wurden in den USA für Kinder eigene Radioformate entwickelt, wie z.B. „Pre-Teen" und „Children´s Radio". Die Definition von "Pre-Teen: Although we call this Pre-teen this station can appeal to children ages six through 16. The format is generally a very young skewing CHR station with high energy disc jockeys, call-ins and a large proportion of novelty records."[32]

Im Mittelpunkt steht hierbei die musikalische Ausrichtung mit aktueller Chart-Musik unterschiedlicher Genres.

„Children´s Radio" wird im Gegensatz zum "Pre-Teen" durch geringeren Musik- und höheren Wort-Anteil, durch Geschichten und Spiele, als Nischenprogramm mit alternativer Babysitter-Funktion zum Fernsehen gesehen: "Children's stations offer music, games, stories with adults and children as hosts. A relative newcomer in the game of "niche" programming, these stations are cropping up in many markets and offer parents an alternative to TV-baby-sitting. Minneapolis-based "Radio Aahs" offers a satellite-delivered programming service for pre-teens."[33] Ergebnisse von Umfragen in den USA bezüglich der Nutzungsdauer und -häufigkeit lassen ähnliche Verhaltensmuster aufweisen wie bei deutschen Kindern (vgl. Punkt 2.2). Daraus lässt sich jedoch schließen, dass sich in den USA, durch das große Angebot an Format-

---

[32] Devine, Cathy u.a. (2002) S. 8
[33] www.radioguide.com (28.7.2006)

radio, schon jüngere Kinder an Programmformate binden, wenn diese am Markt sind.[34]

Kinder etablierten sich hier als kaufkräftige Zielgruppe. Angesichts dieses Hintergrundes biete es sich an, einen Blick auf die amerikanische Radiolandschaft zu werfen und diese mit der deutschen zu vergleichen und zu analysieren, so Mohr[35].

In den letzten 20 Jahren wurde der deutsche Radiomarkt durch das amerikanische Formatradio stark beeinflusst. Aufgrund der hohen Nutzungsähnlichkeit von Radio ist zu schlussfolgern, dass in der Zielgruppe Kinder in Deutschland das gleiche Kauf- bzw. Entscheidungspotential steckt wie in Amerika.

2.5 Kinderradio in Deutschland

Auf einen historischen Überblick wird, wie bereits erwähnt, verzichtet. Weiterführende Literatur zur Hörfunkgeschichte von Kinderradio von 1924 bis in die neunziger Jahre ist ebenfalls in der Einleitung in Kapitel 1 vermerkt. Dafür wird ein kurzer Überblick über das 2007 vorherrschende Angebot sowohl im öffentlich-rechtlichen, als auch im nicht-kommerziellen Hörfunk gegeben.

Als wichtigere Untersuchungsbasis wird bezüglich der Radiolandschaft in Deutschland nicht die bisherige Entwicklung von Kinderradio sondern das aktuelle Kinderhörfunkprogramm angesehen. Dieses steht als Vergleichs- sowie als Konkurrenzprogramm direkt dem zu untersuchenden privaten Kinderradiosender gegenüber.[36]

2.5.1 Kinderprogramme im öffentlich-rechtlichen Hörfunk

Das öffentlich-rechtliche Hörfunkprogramm bietet schon seit vielen Jahren spezielle Sendungen für Kinder. Diese sind jedoch „gut gemacht und schwer zu finden"[37]. Denn im Gegensatz zum Hörfunk anderer Zielgruppen bieten die öffentlich-rechtlichen Sender kein Ganztagsprogramm[38] für Kinder an.

---

[34] vgl. Mohr in Schill, Linke, Wiedemann (2004) S.63f
[35] vgl. Mohr in Schill, Linke, Wiedemann (2004) S.63
[36] vgl. Klingler in Schill, Baacke (1996) S.28f
[37] Susanne Bergmann in Bergmann/Maatje/Schill 2002 S. 10
[38] Ganztagsprogramm bezeichnet bei der Zielgruppe der Kinder ein Programm von 6 bis 21 Uhr

In Berlin und Brandenburg wird täglich von 19:04 bis 19:10 Uhr 'Zappelduster' auf Antenne Brandenburg für Kinder zwischen 5 und 7 Jahren gesendet. Hier kommen nicht nur Moderatoren, sondern auch Kinder zu Wort. Von 19:30 bis 19:40 Uhr folgt der Ohrenbär auf Radio ‚88acht' für Kinder zwischen 4 und 8 Jahren mit einer kleinen Vorlesegeschichte.

Sonntags von 8:04 bis 9:00 Uhr wird die Sendung Klassik für Kinder von Kulturradio ausgestrahlt. Sie beinhaltet Geschichten mit viel klassischer Musik, Berichten und CD-Tests.[39]

Im Anhang ist eine ausführliche Auflistung und kurze Beschreibung der Radio-sendungen für Kinder des öffentlich-rechtlichen Hörfunks der gesamten Bundes-republik zu finden. (Stand 20.11.2005) Dies sind nach Susanne Bergmann „rund 23 Stunden Radio", welche die ARD den Kindern pro Woche bietet. Doch sind die Sendezeiten ebenso abwechslungsreich wie deren Inhalte. Demnach ergibt sich folgende Übersicht:

Mo bis Fr	Früher Nachmittag	Abendstunden
Dauer (Summe 3h)	30-60 min	5-10 min
Sender/Beispiel	BR, WDR, HR Deutschlandradio	radioBerlin 88,8, Antenne Brandenburg (in Region Berlin/Brandenburg)
Inhalte	Magazinformate, Schwerpunktsendungen	Gute-Nacht-Geschichten
Zielgruppe	8-12 Jahre	bis 8 Jahre
Wochenende	**Samstag**	**Sonntag**
Dauer (Summe)	5 h	15 h
Angebot	Nachmittagsprogramm erweitert, Sendungen fortgeführt	22 Sendungen von 7:00 bis 20:00 Uhr

---

[39] vgl. Gründel, Niels 21.05.2004

Sender (zusätzlich)	Abendprogramm durch MDR, SR und SWR erweitert	NDR, Radio Bremen
Inhalte	Magazinsendungen mit spielerischem Ansatz oder als Gesprächssendung samstägliche Schwerpunktsendungen	Klassische Musik, Wochenrückblick, Minihörspiele, Kinderbeteiligung auch über Telefon, Funkerzählungen, unterhaltsame und wissens- werte Beiträge, in spielerischer, ansprechender Art und Weise

Tabelle 2: Struktur der öffentlich-rechtlichen Angebote 2007
Quelle: vgl. Bergmann, Susanne in Bergmann/Maatje/Schill 2002 S. 10f

Der Nachteil hierbei ist die Zerstückelung des Programms. Die einzelnen Programm-elemente sind aufgrund ihrer Kürze für Kinder nur sehr schwer auffindbar, wenn der entsprechende Sender/Frequenz nicht schon im Radiogerät eingestellt ist.

Dennoch ist anzunehmen, dass die Verantwortlichen des öffentlich-rechtlichen Hörfunks über ihr Manko Bescheid wussten und daran arbeiteten. Denn am 4. September 2006 startete der WDR als erstes öffentlich-rechtliches Programm mit einem Webchannel für Kinder ein ganztägiges Kinderradio. Dieser Hörfunk KiRaKa sendet von 6 bis 22 Uhr und stellt sein Programm aus den Kindersendungen Bärenbude für Radioanfänger und Liliputz für Grundschulkinder zusammen. Somit werden alle relevanten Altersgruppen der Kinder abgedeckt. Jedoch war dieses Ganztagsprogramm lediglich im Internet zu hören und es handele sich laut WDR-Hörfunkdirektorin Monika Piel um „ein zunächst befristetes Experiment".[40]

2.5.2 Alternatives Kinderhörfunkprogramm

Alternativ zum öffentlich-rechtlichen Kinderhörfunkprogramm gibt es ein nicht-kommerzielles Kinderradio: Radijojo! Der Grundgedanke war es, werbefreies, pädagogisch wertvolles Radio für Kinder von 3 bis 13 Jahren zu produzieren.

---

[40] vgl. www.wdr.de/radio/radiohome/aktionen6/kiraka...

Ziel von Radijojo ist es, „den Kindern in Deutschland einen Raum [zu] geben zum Lauschen, Lernen und Lachen ... [Durch dieses Radio sollen Kinder] ... neue musikalische Welten entdecken können und vom Leben der Kinder in anderen Ländern erfahren, ... ihren Forschergeist entdecken,...Spaß haben an [den] ... Sendungen zu Umwelt, Naturwissenschaft, Musik und Gesundheit."[41] Radijojo will sich gezielt vom „Kommerzfunk-Gedudel und Werbekanonaden" absetzen und Kinder davor verschonen. „Der pädagogisch sinnvolle Inhalt steht im Vordergrund, nicht irgendwelche Aktionärsinteressen oder Bilanzzahlen von Werbezeiten-Vermarktern und Bonbon-Fabrikanten." Unter diesen eigens gesetzten Richtlinien sendet Radijojo keine Werbung. Kinder werden aktiv ins Programm einbezogen und zum Mitmachen aufgefordert. Der Sender ist seit Dezember 2003 offiziell eine gemeinnützige GmbH und finanziert sich durch Spenden, Stiftungsgeldern, öffent-lichen Fördermitteln, Mitgliedsbeiträgen, Sponsoring, Lizenzen und Merchandising seiner Radijojo!-Produkte. Daher ist er nicht nur darauf, sondern auch auf freiwilliges Engagement und Anregungen der Hörer angewiesen.

Radiojojo ist 2003 mit DAB und Internet sowie einem UKW-Fenster in Berlin gestartet. Seit 1. Juli 2005 ist es europaweit über den Satelliten Astra im Bouquet von Technisat (Kinderradio 1/ Radijojo!) zu hören.

Sendezeiten	Alterszielgruppe
von 06.00 Uhr – 14.00 Uhr	für 3- bis 6-Jährige
von 14.00 Uhr – 15.00 Uhr	für alle Altersgruppen
von 15.00 Uhr – 20.00 Uhr	für 7- bis 13-Jährige
von 20.00 Uhr – 21.00 Uhr	für Eltern

Tabelle 3: Programm von Radijojo 2007
Quelle: www.radijojo.de

Trotz des Erfolgs verhoffenden Konzeptes und des qualitativen Programms hatte Radijojo den Durchbruch im Raum Berlin/Brandenburg und Deutschland nicht geschafft. Radijojo versuchte sich abzugrenzen von den Eltern und Jugendlichen und drängte das Radio einer Zielgruppe, welche nicht die volle Autonomie der Medienrezeption bzw. Medienkompetenz besitzt, an den Rand, anstatt deren Eltern

---

[41] http://www.radijojo.de/

mit einzubinden. Auch war es eben für seine Zielgruppe nicht präsent genug. Es wurde nicht genügend publik gemacht. Es fehlte an Eigenwerbung des Senders, um einen gewissen Bekanntheitsgrad zu gewinnen. Dennoch ist Radijojo das erste deutsche Kinderradio, welches durchgängig von 6 bis 21 Uhr für Hörer zwischen 3 und 13 Jahren sendete.

3. Radionutzung im Alltag von Kindern

Um die Relevanz von Radio im Alltag von Kindern herauszufinden, wurden in diesem Buch hauptsächlich Ergebnisse von Untersuchungen der Media Perspektiven[42] zu Hilfe gezogen. Die Media-Analyse, welche für Radio und dessen Rezeption aussagekräftig ist, kann in dieser Arbeit vernachlässigt werden, da die für die Media-Analyse für Radioangebote relevante Zielgruppe ab 14 Jahren[43] außerhalb der für Kinderradio und für dieses Buch relevanten Zielgruppe – 3 bis 13 Jahren – liegt.

Durch den späteren Untersuchungsinhalt – ein Radiosender im Raum Berlin/Brandenburg – ist gerade diese regionale Zielgruppe der Kinder relevant. In der Studie zur Mediennutzung bei Kindern 2002 (WDR, DLR, SFB) wurde konkret diese Zielgruppe, 1036 Kinder zwischen 7 und 14 Jahren in Berlin/Brandenburg, untersucht. Deren Ergebnisse spiegeln sich in den nächsten Punkten ebenso wieder, wie die der bundesweiten Umfragen der ARD/ZDF-Studien „Kinder und Medien" und der KIM-Studien.

Hierbei wurden bei der ARD/ZDF-Studie „Kinder und Medien 2003" 245 Kinder im Alter von 2 bis 5 Jahren mit Hilfe der Auskunft von den Erziehungsberechtigten in der gesamten Bundesrepublik befragt. Die ARD/ZDF-Studie „Kinder und Medien 2003" der sechs- bis 13-Jährigen umfasst eine Stichprobengröße von 2103 Probanden aus ganz Deutschland.

Die KIM-Studien beziehen sich ebenfalls auf die 6- bis 13-Jährigen aller Bundesländer mit Stichprobenmengen von 1241 im Jahr 2002 und 1203 im Jahr 2005.

Aufgrund der hauptsächlichen Nutzung dieser Studien werden in diesem Kapitel die Kinder abweichend von der Definition in Unterabschnitt 2.2.1 in 2- bis 5-Jährige und 6- bis 13-Jährige unterteilt. Die Stichprobenmenge n der einzelnen Umfragen variiert. Ebenso ist die Art der Befragung der Vorschulkinder durch Hilfe von Erwachsenen anders als bei den Schulkindern. Auch das Alter von 2 Jahren zählt laut Definition in Abschnitt 2.2 nicht zu dem Bereich von Kindern, die für eine radiobezogene Ziel-

---

[42] „Media Perspektiven beobachtet, analysiert und dokumentiert die Lage und Entwicklung der Massenmedien in Deutschland wie in anderen Ländern einschließlich ihrer Rolle als Werbeträger" (http://www.ard-werbung.de/mp/) 25.8.2006
[43] http://www.ard-werbung.de/services/basics/radio/ (25.8.2006)

gruppe relevant wären. Dennoch existieren nur wenige Umfragen in dieser Alters-gruppe, so dass in diesem Fall die genaue Alterseinschränkung vernachlässigt wird.

Dennoch ist jede Umfrage für sich valide und repräsentativ. Die Studien sprechen von repräsentativen Stichproben, wobei die Kinder mündlich-persönlich und die Erziehungsberechtigten (meist Mütter) sowohl mündlich-persönlich als auch schriftlich befragt wurden. Durch die verschiedenen Stichprobenmengen und Befragungsarten kommen Zahlen zustande, welche absolut nicht miteinander vergleichbar wären. Daher muss bei den relativen Zahlen – die Angaben der Probanden erfolgen in der Auswertung und im Vergleich jeweils in Prozent – darauf hingewiesen werden, dass die Aussagekraft der Statistiken aufgrund der erwähnten Unterschiede, wie Stichprobenmenge, Erhebungsmethoden, Raum der Befragung (Berlin/Brandenburg oder gesamtes Bundesgebiet) sowie Heterogenität in Geschlecht und Alter der jeweiligen Grundgesamtheit, der einzelnen Umfragen eingeschränkt sein kann. Dennoch sind die Tabellen der einzelnen Umfragen gut geeignet, die Stellung und Nutzung des Radios im Alltag zu dokumentieren und aussagekräftig abzubilden.

Kinder sind in ihrem Alltag ständig von Medien umgeben und werden durch diese beeinflusst. Neben dem Radio zählten 2007 vor allem das Fernsehen, das Hören von Musik von Tonträgern (Schallplatte/Kassette/CD/MP3-Speichermedium) und die Nutzung von Computern zu den meist verwendeten Medien. Aber auch Bücher, Zeitschriften, Zeitungen, DVDs sowie diverse Funktionen des Smartphones bzw. Tablets werden zur Mediennutzung gezählt. Laut einer Umfrage von 2003 findet eine Nutzung sämtlicher Medien jeden oder fast jeden Tag statt. Jedoch muss nach Art der Medien variiert werden. So verhält sich die Nutzungsdauer und -häufigkeit von Fernsehen anders, als beispielsweise die von Radio oder Büchern.[44]

Nach der Umfrage in Berlin und Brandenburg 2002 gaben 53,4% der 7- bis 14-jäh-rigen Kinder an, Radio zu hören.[45] Jedoch besagt dies noch nichts über Hör-gewohnheiten und -möglichkeiten.

---

[44] vgl. Mediaperspektiven 9/2004 S. 443
[45] vgl. Eckardt/Mohr/Windgasse 2002 S. 89

Um festzustellen, welchen Stellenwert das Medium Radio im Alltag von 6- bis 13-Jährigen einnimmt, wird im Folgenden die Nutzung bzw. die Bereitstellung des Mediums, Nutzungsdauer und -häufigkeit von Radio untersucht.

Dabei ist zu bemerken, dass Mediennutzung bezüglich des Fernsehens zur Genüge im Einzelnen analysiert und untersucht wurde, und immer noch eine wichtige Rolle in der Kindermedienforschung spielt. Gerade die Nutzung von Radio durch Klein- und Vorschulkinder wird meist nur im Zusammenhang mit allgemeiner Mediennutzung im Vergleich genannt. Dazu sind meist nur nutzungsspezifische und keine motiven Angaben bezüglich der Radiorezeption gemacht worden.

Es ist zu beachten, dass der Einfluss der Eltern bei den Klein- und Vorschulkindern eine große Relevanz bezüglich der Mediennutzung hat. Auch stammen die Angaben zum Medienverhalten meist von den Eltern. Daher ergibt sich die Notwendigkeit, die Nutzung und Verfügbarkeit von Medien für Vorschulkinder – 2- bis 5-Jährige – und Schulkinder – 6- bis 13-Jährige – getrennt zu untersuchen.

3.1   Verfügbarkeit von Radiogeräten

Wenn man die Nutzung von Radio untersucht, muss man die Möglichkeit der Kinder Radio zu hören, also den Besitz von Radiogeräten auf dem Stand von 2007 mit einbeziehen.

2- bis 5-Jährige:[46] In den Haushalten mit Klein- und Vorschulkindern ist eine breite Medienpalette verfügbar. Mindestens 90% sind mit einer Stereoanlage ausgestattet. Jedoch liegt die Medienausstattung der Kinderzimmer in den Händen der Eltern. Bei 17% der Kinder befindet sich ein Radiogerät im Kinderzimmer, wobei die Zahl mit steigendem Alter auffällig zunimmt. Die 4- bis 5-Jährigen verfügen bereits zu einem Viertel über ein eigenes Radiogerät. Jedoch wird in den Media Perspektiven zu Recht erwähnt, dass dies der Fall ist, „obwohl die Hörfunkangebote für diese Zielgruppe überschaubar sind."[47]

---

[46] vgl. Feierabend/ Mohr 9/2004 S. 455
[47] Feierabend/ Mohr 9/2004 S. 455

6- bis 13-Jährige: Der Besitz eines Radiogerätes in den Haushalten in Berlin/Brandenburg von 7- bis 14-Jährigen lag 2002 bei 65%.[48] Lediglich 21,7% davon besitzen ein Radiogerät im eigenen Zimmer. Darunter sind 24,3% Mädchen und 19,2% Jungen. Die geringere Zahl bei Jungen könnte zu erklären sein, da sie zu 27,6% ein Fernsehgerät besitzen – bei den Mädchen nur 21,4%. Die Studie zur Mediennutzung besagt auch den hohen Stellenwert des Radios. So nimmt das „Radio in der Gesamtbevölkerung den ersten Rang ein, als Autoradio, als Teil der Stereoanlage oder als eigenständiges Gerät, und auch in den Kinderzimmern ist es ähnlich häufig zu finden wie ein Fernsehgerät."[49]

Wenn man den Besitz von Kassettenrecordern hinzuzieht, ist auffallend, dass auch hier Mädchen mit 61,3% 2,6 Prozentpunkte über den Jungen liegen. Diese Anzahl nimmt laut Studie anders als bei den meisten anderen Geräten mit dem Alter der Kinder ab. Daraus wird geschlossen, dass jüngere Kinder Kassettenrecorder zum Abspielen von beispielsweise Hörspielkassetten vermehrt nutzen. Ältere Kinder nutzen für ihren zunehmenden Musikkonsum neuere Medien wie einen CD- oder einen MP3-Player. „Dies gilt, wenn auch nicht so ausgeprägt, ebenfalls für das Radio."[50]

2005 dagegen, so die aktuellste KIM-Studie, stieg der Gerätebesitz des Radios bei Kindern bis 52% an. Jedoch ist bei der Medienbindung der Kinder aller Altersgruppen (6 bis 13 Jahre) sowie bei Jungen und Mädchen deutlich zu erkennen, dass mit durchschnittlich 75% am wenigsten auf das Fernsehen verzichtet werden kann. Demnach war das Fernsehen 2005 im Alltag von Kindern das Leitmedium.[51]

---

[48] vgl. Eckhardt, Mohr, Windgasse 2002 S. 89
[49] vgl. Eckhardt/Mohr/Windgasse 2002 S. 89
[50] Eckhardt/Mohr/Windgasse 2002 S. 89
[51] vgl. Feierabend, Rathgeb 2006 S. 14ff

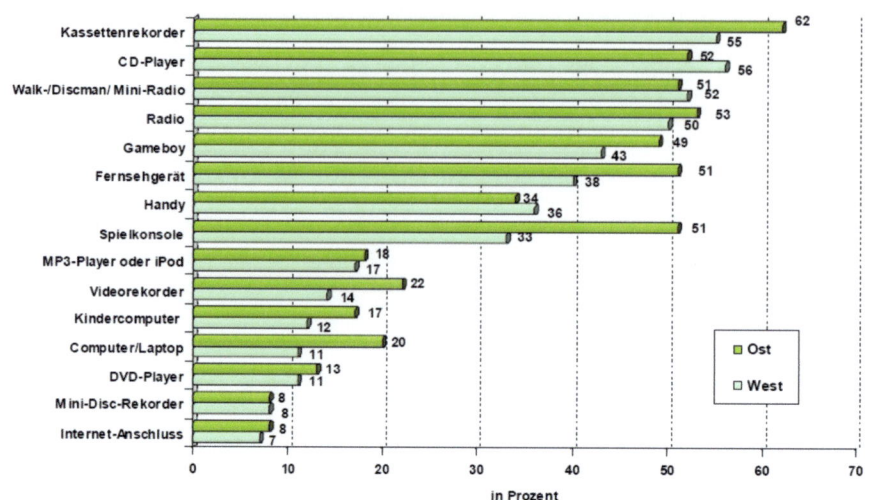

Abbildung 3: Gerätebesitz der Kinder 2005 – Angaben der Erziehungsberechtigten (n=1203; 6-13 Jahre)

Quelle: KIM 2005

Um Rückschlüsse auf das Rezeptionsverhalten ziehen zu können, wird auf die Rezeptionsvorlieben im Bezug auf den Tagesverlauf von Kindern eingegangen.

3.2 Rezeption im Tagesverlauf

Bei der täglichen Nutzung von Radio ergeben sich bei Kindern unterschiedliche Verläufe. Deren Abweichungen basieren hauptsächlich daraus, ob ein Kind schulpflichtig ist oder noch den Kindergarten bzw. die Vorschule besucht. Demnach muss auch hier differenziert werden zwischen 3- bis 5-Jährigen und 6- bis 13-Jährigen. Es ist zu beachten, dass sich das Radiohören sowohl bei den Klein- und Vorschulkindern als auch bei den schulpflichtigen Kindern nicht nur auf die Primärrezeption der Kinder bezieht, sondern auch auf das Mithören beispielsweise beim eingeschalteten Radiosender der Eltern.

2- bis 5-Jährige: Diese Altersgruppe besucht meist die Vorschule, bzw. den Kindergarten. Jedoch sind auch viele jüngere Kinder tagsüber bei ihren Eltern oder einer Tagesmutter in Betreuung. Demnach „hören Kleinere auch vor allem morgens und am Vormittag (gemeinsam mit den Erwachsenen). Tonträger wie Hörspiel- oder Musikkassetten werden vor allem am Nachmittag bzw. am Abend genutzt."[52]

Wie auch in folgender Abbildung zu sehen ist, wird am Morgen, z.B. beim Aufstehen, Frühstück oder auf dem Weg in den Kindergarten am meisten Radio gehört. Ebenso in der Mittagszeit, nach der zwischen 13 und 14 Uhr eine enorme Rezipienten-abnahme zu erkennen ist. Dies ist höchstwahrscheinlich durch den Mittagsschlaf der Klein- und Vorschulkinder zu begründen. Abends von 18 bis 20 Uhr erreicht das Medium Radio zum Tagesabschluss noch einmal einen kleinen Hochpunkt. Jedoch hat das Radio besonders in den Abendstunden das Fernsehen als großen Kon-kurrenten, welches beispielsweise durch das ,Sandmännchen' einen kindgerechten Tagesabschluss bietet.

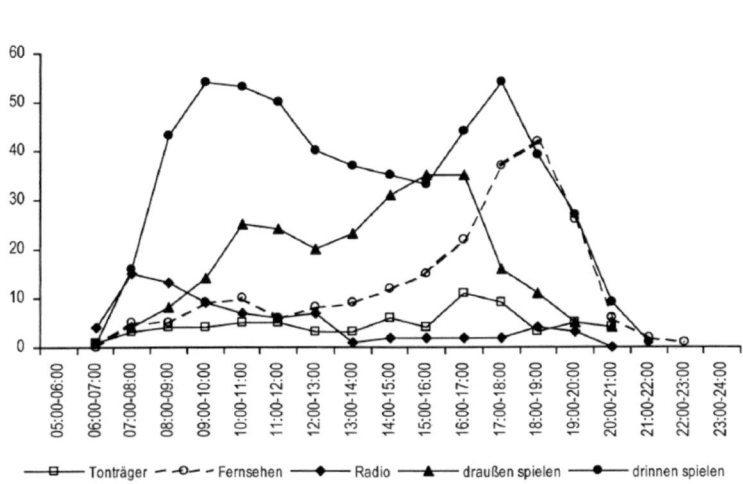

Abbildung 4: Mediennutzung von Vorschulkindern im Tagesverlauf (Stundenintervalle)
Quelle: ARD/ZDF-Studie „Kinder und Medien 2003"

6- bis 13-Jährige: Durch den täglichen Schulbesuch ergeben sich von Montag bis Freitag zwei Nutzungsschwerpunkte. Zwischen 6.30 Uhr und 7.30 Uhr, morgens beim Aufstehen sowie auf dem Schulweg im Auto und zwischen 13 Uhr und 15 Uhr, nachmittags nach der Schule. Diese beiden Schwerpunkte der Radionutzung sind in Abbildung 5 zu erkennen. Am Vormittag wird bei den Schulkindern im Vergleich zu

---

[52] Feierabend/Mohr 2004 S. 457

den Klein- und Vorschulkindern nur selten Radio gehört, da sich die Kinder hier in der Schule befinden und nur kranke, von der Schule befreite Kinder zu Hause Radio hören. Ähnlich wie bei den 2- bis 5-Jährigen kommt es in den Abendstunden zu kleineren Hochpunkten, welche je nach Alter den Tagesabschluss bestimmen.

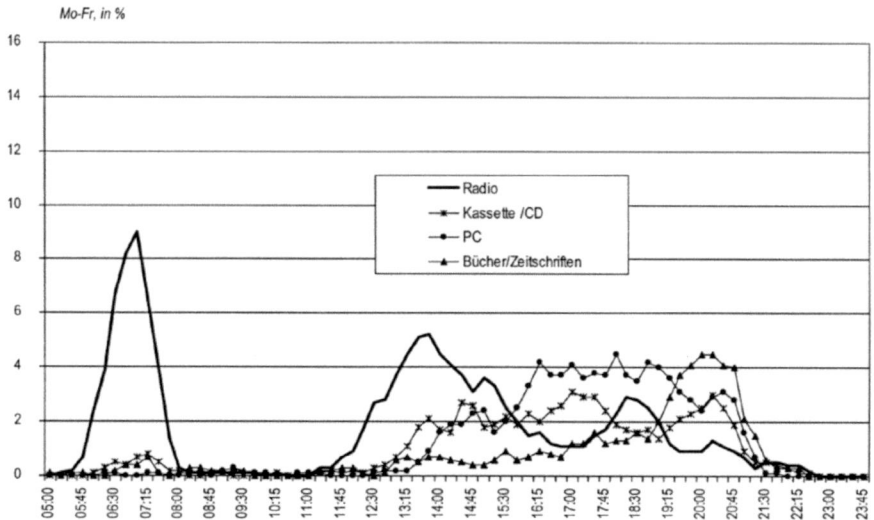

Abbildung 5: Nutzung von Hörmedien, PC und Printmedien bei Sechs- bis 13-jährigen 2003
Quelle: ARD/ZDF-Studie „Kinder und Medien 2003"

Anhand der beiden Grafiken und deren ähnliche Hochpunkte bezüglich der Radiorezeption im Tagesverlauf – morgens, mittags und abends - lässt sich vermuten, dass sowohl bei den Klein- und Vorschulkindern als auch bei den Schulkindern das Radio ein beliebtes Begleitmedium während der Mahlzeiten ist.

Weiterhin wird auf Grund der untersuchten Gruppe daraus geschlossen, dass die Vorliebe für das Radiohören mit zunehmendem Alter steigt. Deutlich erkennbar sind die Nutzungsschwerpunkte verstärkt, wenn die Kinder im Alter von 12 Jahren eigene Vorlieben für ein bestimmtes Jugendprogramm bzw. für Moderation und Musik entwickeln.

Der Nutzungsverlauf an den Wochenenden variiert von dem anderer Wochentage. Da Kinder am Wochenende nicht in die Schule gehen, stehen sie später auf und hören am Vormittag zwischen 9 Uhr und 12 Uhr am häufigsten Radio.

Ähnliche bestätigende Angaben der täglichen Nutzungsschwerpunkte unter der Woche wie in Abbildung 6 lassen sich aus folgender Grafik von 2002 entnehmen.[53]

7 bis 14 Jahre, in %

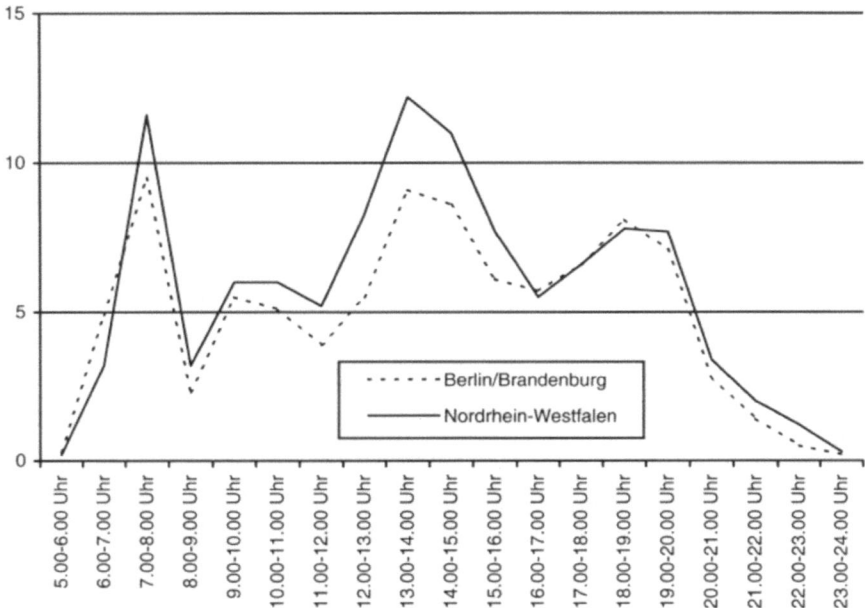

Abbildung 6: Radiohören bei Kindern im Tagesverlauf
Quelle: Studie zur Mediennutzung bei Kindern (WDR, DLR, SFB)

Einerseits belegt diese Studie die Rückschlüsse und Vermutungen. Am meisten wird am Morgen und dann von 13 bis 20 Uhr Radio gehört.[54] Andererseits ist hier verwunderlich, wie hoch die Nutzung am Vormittag ist, da die befragten Kinder 7 bis 14 Jahre alt sind und davon ausgegangen wird, dass diese schulpflichtig sind. Jedoch wurde diese Grafik ausgewählt, da sie direkt auf die Kinder in Berlin/Brandenburg eingeht.[55,56]

---

[53] Eckhardt/Mohr/Windgasse 2002 S. 94
[54] vgl. Eckhardt, Mohr, Windgasse 2002 S. 94
[55] vgl. Kuchenbuch/Simon 2004 S. 449ff
[56] vgl. Feierabend/Mohr 2004 S. 457f

3.3 Nutzungsdauer

Da die Mediennutzung bei Kindern noch stark von den Eltern bzw. Erwachsenen reglementiert wird, ist auch hier eine Trennung der 2- bis 5-Jährigen und der 6- bis 13-Jährigen sinnvoll.

2- bis 5-Jährige: Um Erkenntnisse über die Medienrezeption zu erlangen, wurde bei der Umfrage der ARD/ZDF-Studie 2003 der vorangegangene Tag gemeinsam mit den Eltern rekonstruiert, und somit verschiedene Tätigkeiten des Kindes in Viertelstundenschritten erfasst. 162 Minuten verbringt diese Altersgruppe durchschnittlich mit Medienkonsum. Das Fernsehen nimmt im Tagesablauf mit 1,5 Stunden eine übergeordnete Rolle ein. Ein Grund dafür ist, dass „bereits für kleinere Kinder ... (wie für Erwachsene) AV-Medien, die mehrere Sinne gleichzeitig ansprechen – vor allem das Fernsehen – attraktiver, leichter rezipierbar"[57] sind. Von den oben genannten 162 Minuten entfallen lediglich 30 Minuten täglich auf Radio und Tonträger. Hierbei zeigen sich Unterschiede zwischen Mädchen und Jungen. „Mädchen nutzen Radio und Tonträger ... nicht nur häufiger[58] als Jungen, sondern auch länger."[59] Dies belegt die ARD/ZDF-Studie 2003: Mädchen im Alter von 2 bis 5 Jahren hören täglich durchschnittlich 37 Minuten Radio, Jungen dagegen nur 25 Minuten.

6- bis 13-Jährige: Die Nutzungsdauer von Radio der 6- bis 13-Jährigen wurde 2003 in einer Umfrage zur ARD/ZDF-Studie „Kinder und Medien 1990/2003" ermittelt.

Werktags, Montag bis Freitag, in der Zeit von 5 Uhr bis 24 Uhr lag die durchschnittliche Nutzungsdauer von Schulkindern 2003 bei 20 Minuten täglich. Im Vergleich zum Wert vom Jahr 1990 ist dieser um 3% gesunken (vgl. Kuchenbuch/Simon 2004 S.447).

In der folgenden Tabelle ist die jeweilige Verweildauer der Kinder 2002 im Raum Berlin/Brandenburg einmal differenziert nach Minuten und einmal nach Alter und Geschlecht festgehalten. Dabei ist erkennbar, dass sich Kinder die Radio hören im Durchschnitt mehr als eine Stunde dem Medium widmen. Diese Studie wurde nicht als Stichtagsuntersuchung angelegt. Dennoch wurde die Radionutzung nach Werk-

---

[57] Heidtmann Horst, 1994 S. 323
[58] siehe 2.2.3. Nutzungshäufigkeit
[59] Feierabend/Mohr 2004 S. 457

und Wochenendtagen erfasst. Laut dieser Studie konnte nachgewiesen werden, dass die Radionutzung an „Wochenendtagen deutlich geringer ist als an Werktagen."[60] Demnach wird davon ausgegangen, dass die Studie die Werktagsnutzung widerspiegelt.

Befragte, die Radio hören in % (Verweildauer)	Berlin/Brandenburg 7-14 Jahre
Bis zu 30 min	37,1
31-60 min	37,3
61-120 min	16,6
121-180 min	3,3
Über 180 min	3,4
Keine Angaben	2,5
Mittelwert in Minuten	
Gesamt	65,5
Jungen	63,7
Mädchen	67,2
7-8 Jahre	57,1
9-10 Jahre	63,7
11-12 Jahre	66,0
13-14 Jahre	71,5

Tabelle 4: Nutzungsdauer des Hörfunks bei Kindern

Quelle: Studie zur Mediennutzung bei Kindern (WDR, DLR, SFB) Eckhardt, Mohr, Windgasse 2002 S. 98

---

[60] Eckhardt, Mohr, Windgasse 2002 S. 98

Die Tabelle 3 zeigt, dass die Mehrheit der Kinder von 74,4% in Berlin/Brandenburg, die Radio hören, täglich weniger als eine Stunde das Medium nutzt. 23,3% widmen sich länger als eine Stunde dem Radio. Dabei ist auffällig, dass Mädchen und ältere Kinder etwas mehr Radio hören als Jungen und jüngere Kinder.[61,62,63]

3.4 Nutzungshäufigkeit

2- bis 5-Jährige: Die ARD/ZDF-Studie 2003 belegt auch, dass Mädchen häufiger Radio hören. Beispielsweise gaben 31% der Mädchen im Alter von 2 bis 5 Jahren an, jeden Tag oder fast jeden Tag Radio zu hören. Bei den Jungen waren es lediglich 28%. Dabei nimmt die Rezeption mit zunehmendem Alter auch zu. Bei den 2- bis 3-Jährigen sind es 28% die jeden/fast jeden Tag Radio hören – bei den 4- bis 5-Jährigen 31%.[64]

6- bis 13-Jährige: Dieser prozentuale Anteil nimmt wie erwartet weiterhin zu, so dass, wie folgende Tabelle belegt, bei einer Umfrage der Mediennutzung bei 6- bis 13-jährigen Kindern 32% angaben, jeden/fast jeden Tag Radio zu hören.

in %	jeden oder fast jeden Tag/ein oder mehrmals pro Woche	Jeden oder fast jeden Tag	ein oder mehrmals pro Woche
Radionutzung	62	32	30

Tabelle 5: Radionutzung sechs- bis 13-jähriger Kinder in der Freizeit
Quelle.: vgl. ARD/ZDF-Studie „Kinder und Medien 2003" Frey-Vor, Schumacher 2004 S. 431

Im Vergleich zum Fernsehen und Musikhören[65] ist das Radio das am zweithäufigsten genutzte Medium.[66] Fernsehen bleibt jedoch das Leitmedium. Das Musikhören[67]

---

[61] vgl. Eckhardt, Mohr, Windgasse 2002 S. 98
[62] vgl. Kuchenbuch/Simon 2004 S. 449ff
[63] vgl. Feierabend/Mohr 2004 S. 457f
[64] vgl. Feierabend, Mohr 2004 S. 457
[65] Unter Musikhören wird in den Mediaperspektiven der Zugriff auf folgende Tonträger verstanden;
     1990: Schallplatte/Kassette/CD; 2003: Schallplatte/Kassette/CD/MP3-SPEICHERMEDIUM
[66] vgl. Kuchenbuch/Simon 2004 S. 444
[67] auf Schallplatte/Kassette/CD/MP3-SPEICHERMEDIUM

gewinnt jedoch, wie auch das Radio an immer größerer Relevanz. Mädchen hören mit 72% einmal wöchentlich im Vergleich zu Jungen mit 65% verstärkt Radio.[68]

Während mehr als 60% der 7- bis 14-Jährigen in Berlin und Brandenburg täglich/fast täglich fernsehen, hören gerade einmal 20% Radio.

Laut der Studie zur Mediennutzung bei Kindern 2002, wobei 1036 Kinder im Alter von 7 bis 14 Jahren in Berlin/Brandenburg befragt wurden, gaben 19,9% davon an, täglich/fast täglich Radio zu hören, darunter 20,8% der Jungen und 19,0% der Mädchen. 53,4% hören überhaupt Radio.[69]

7 bis 14 Jahre, in %		fast täglich/täglich		
	Mache ich	Gesamt	Jungen	Mädchen
Fernsehen	99,5	62,9	67,6	58,4
Radio hören	53,4	19,9	20,8	19,0

Tabelle 6: Ausgeübte Aktivitäten und Tätigkeiten von Kindern (Berlin/Brandenburg; n=1036)
Quelle: vgl. Studie zur Mediennutzung bei Kindern (WDR, DLR, SFB) 2002 Eckhardt, Mohr, Windgasse 2002 S. 91

Im Vergleich zur ARD/ZDF-Studie 2003 im gesamten Bundesgebiet ergibt sich eine größere Häufigkeit. Demnach gaben, wie in der folgenden Tabelle erkennbar, nicht nur 53,4% der 7- bis 14-Jährigen sondern 63% der 6- bis 13-jährigen Mädchen und 61% der gleichaltrigen Jungen an, mindestens einmal pro Woche Radio zu hören.

Jeden oder fast jeden Tag/ein- oder mehrmals in der Woche, in %	Mädchen	Jungen
Radionutzung	63	61

Tabelle 7: Radionutzung sechs- bis 13-jähriger Mädchen und Jungen in der Freizeit
Quelle.: vgl. ARD/ZDF-Studie „Kinder und Medien 2003"

---

[68] vgl. Kuchenbuch, Simon 2004 S. 444
[69] vgl. Eckhardt, Mohr, Windgasse 2002 S. 91f

Dabei ist auffallend, dass geschlechterspezifische Unterschiede geringer sind als altersspezifische. „Während nur 26% der 6- bis 7-Jährigen nahezu täglich Radio hören, sind es 38% der 12- bis 13-Jährigen."[70] Beim Betrachten der wöchentlichen Nutzung, gaben zwei Drittel der 10- bis 13-Jährigen an, mindestens einmal pro Woche Radio zu hören. Dagegen gaben 17% der Kinder an, nie Radio zu hören.

Mediennutzung jeden oder fast jeden Tag / ein- oder mehrmals pro Woche, in %	6-7 Jahre	8-9 Jahre	10-11 Jahre	12-13 Jahre
Radio	54	56	66	69

Tabelle 8: Mediennutzung in der Freizeit im Altersverlauf
Quelle: vgl. ARD/ZDF-Studie „Kinder und Medien 2003"

Alle Befragten in %	Berlin/ Brandenburg, 7-14 Jahre
6 bis 7 Tage	10,8
4 bis 5 Tage	22,2
1 bis 3 Tage	14,6
Seltener	5,7
Nie	46,6
Mittelwert der Wochentage	
Gesamt	2,1
Jungen	2,0
Mädchen	2,1
7 bis 8 Jahre	1,9
9 bis 10 Jahre	2,1

---

[70] Kuchenbuch, Simon 2004 S. 444

11 bis 12 Jahre	2,1
13 bis 14 Jahre	2,2

Tabelle 9: Häufigkeit des Radiohörens bei Kindern

Quelle: Studie zur Mediennutzung bei Kindern (WDR, DLR, SFB); Eckhardt/Mohr/Windgasse 2002 S. 98

Aus der Tabelle 9 ist erkennbar, dass 53,4% der befragten Kinder zwischen 7 und 14 Jahren in Berlin und Brandenburg Radio hören. „Die anderen Kinder nutzen das Medium nach eigenen Angaben nie. Fast jeden Tag der Woche hört etwa jedes neunte Kind Radio."[71] Mehr als ein Drittel der befragten Kinder hören einen bis vier Tage Radio. Somit ergibt sich ein Durchschnitt von 2,1 Tagen in der Woche an denen Radio gehört wird. Hierbei ist auffällig, dass Mädchen etwas häufiger Radio hören als Jungen und die Häufigkeit im Laufe des Alters zunimmt. Wogegen 7- bis 8-Jährige nur 1,9 Tage die Woche Radio hören, nutzen 13- bis 14-Jährige das Medium an 2,2 Tagen in der Woche.[72]

3.5 Radio im Internet

Laut der KIM-Studie 2002 PC und Internet liefern Internetseiten von Radioanbietern Kindern wenig Anreize. Gerade einmal 9% der 406 Kinder gaben an, schon einmal eine Seite eines Radioanbieters besucht zu haben. Bei Fernsehsendern sind es 38% und bei Fernsehsendungen sogar 43%. 2005 dagegen ist diese Zahl gestiegen und lag bei 13% von 624 Internetnutzern zwischen 6 und 13 Jahren. Dennoch überwiegt der prozentuale Anteil der Besuche von Seiten von Fernsehsendern und -sendungen mit ca. 50%.

Bei der Frage nach der Tätigkeit im Internet sagten, wie folgende Tabelle zeigt, lediglich 3%, dass sie über das Internet Radio hören. Am meisten wird das Internet mit insgesamt 39% der Befragten zum Empfangen und Senden von E-Mails genutzt.

---

[71] Eckhardt/Mohr/Windgasse 2002 S. 98
[72] vgl. Eckhardt/Mohr/Windgasse 2002 S. 98

Mindestens einmal pro Woche, in %	Gesamt (n=406)	Mädchen (n=183)	Jungen (n=223)	West (n=315)	Ost (n=91)
Radio hören über das Internet	3	3	3	3	4

Tabelle 10: Tätigkeit im Internet nach Angaben der Kinder

Quelle: vgl. KIM 2002 PC und Internet, Feierabend, Klingler 2003 S. 286

Im Vergleich zur KIM-Studie 2005 erreichte das Radiohören mit dem Internet einen Zuwachs. Von 624 Internetnutzern zwischen 6 und 13 Jahren gaben 9% an, über das Internet Radio zu hören. Dieser Wert liegt noch über den 8% für das Fernsehen mit Internet. Somit ist im Zuge des Zuwachses der Nutzung des Internets auch ein Zuwachs an Kindern, die über dieses Medium Radio hören, zu erwarten. Jedoch spielte das Internet im Vergleich zur Radionutzung über ein Radiogerät im Jahr 2007 eine vernachlässigbare Rolle.

3.6 Bindung von Radio

Im Gegensatz zum Fernsehen mit 74% gaben laut KIM-Studie 2005 gerade mal 4% von 1203 Kinder zwischen 6 und 13 Jahren an, auf das Radio am wenigsten verzichten zu können. Auch nach Alter differenziert ergaben sich lediglich Unterschiede bei Fernseher und Computer. Das Radio wird von allen Altersgruppen bei Entbehrung gleich stark vermisst.

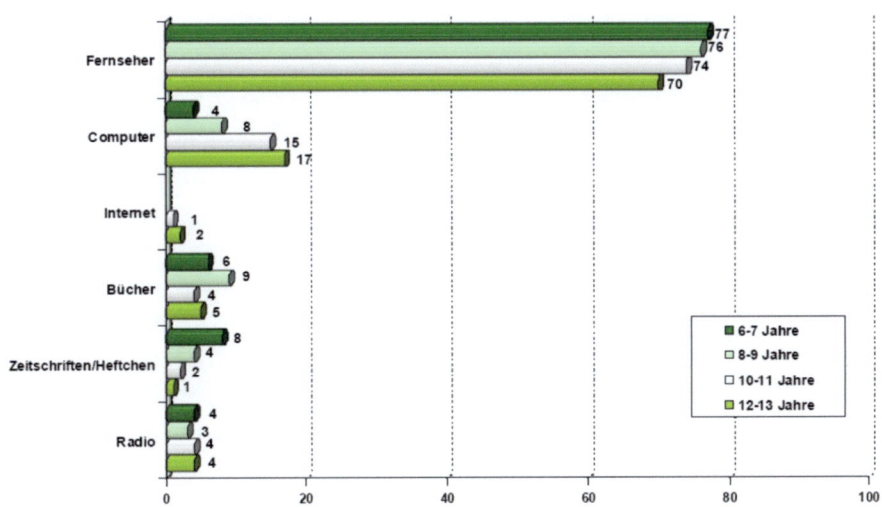

Abbildung 7: Medienbindung 2005: Am wenigsten verzichten kann ich auf... (n=1203; in %)

Quelle: KIM 2005

Im Vergleich dazu besagten bei der Studie zur Mediennutzung bei Kindern (WDR, DLR, SFB) 2002 31,1% der Kinder, die Radio hören zwischen 7 und 14 Jahren in Berlin/Brandenburg, dass sie „ganz traurig wären". 79,4% würden das Radio vermissen, wie folgende Tabelle zeigt.

	7-14 Jahre/ Berlin, Brandenburg/ in %
wäre ganz traurig (1)	31,1
wäre ganz traurig + traurig (1+2)	79,4
Mittelwert	1,8

Tabelle 11: Bindung von Kinder an das Radio

(Frage: wenn es ab morgen kein Radio mehr geben würde, Wie sehr würdest du es dann vermissen? Vierstufige Skala: 1= „ganz traurig" bis 4= „würde mich freuen")

Quelle: Studie zur Mediennutzung bei Kindern (WDR, DLR, SFB) 2002

3.7 Zusammenfassung

Bezüglich der Nutzungsgewohnheiten sind bei der Teilung in zwei Altersklassen aufgrund der Schulpflicht Unterschiede in der Nutzung, sowie auch Gemeinsamkeiten erkennbar:

2- bis 5-Jährige: Von Beginn an wird das Aufwachsen der Klein- und Vorschulkinder von Medien geprägt und begleitet. Medien spielten 2007 bereits im Leben von 2- bis 5-Jährigen eine wichtige Rolle. Bereits in diesem Alter verfügten die Kinder über eine breite Medienpalette. Die Zeit, welche die Kinder im Durchschnitt täglich mit Radiohören und Tonträgern verbrachten, beträgt gerade einmal 30 Minuten. Da die meisten Kinder in diesem Alter jedoch nur eine eingeschränkte Entscheidungsgewalt haben, besteht die meiste Zeit aus Mithören bei Erwachsenen.

Weniger als ein Drittel der 2- bis 5-Jährigen hörten jeden/fast jeden Tag Radio. Jedoch nimmt die Häufigkeit, wie auch der Gerätebesitz mit steigendem Alter zu.

Im Tagesverlauf wurde die Zeit am Morgen bzw. am Abend und zu den Mahlzeiten am meisten zum Radio hören genutzt.

6- bis 13-Jährige: Im Vergleich der Studien von 2006 zur Studie von 1990 ist zu erwähnen, dass die Radionutzung konstant blieb. Zwar war die Nutzung des Radios bei 6- bis 13-Jährigen im Vergleich zu Jugendlichen niedrig, der Umfang der Nutzung, trotz starker medialer Konkurrenz, war jedoch im Vergleich zu 1990 weitestgehend konstant. Ein Anstieg der Radionutzung zeigt sich schon bei Kindern ab 10 mit der Entwicklung musikalischer Vorlieben.[73]

Die 6- bis 13-Jährigen verfügen über mehr Geräte als kleinere Kinder. Dies erleichtert die Rezeption unabhängig von ihren Eltern. Somit kann selbst entschieden werden, wann, wie lange bzw. was gehört wird.

Eine gute Stunde am Tag wurde im Durchschnitt von Schulkindern Radio gehört. Dabei hörten fast zwei Drittel aller Kinder mindestens einmal pro Woche Radio. Im Durchschnitt wurde an 2,1 Tagen der Woche von Kindern dieser Altersgruppe Radio gehört.

---

[73] vgl. Kuchenbuch/Simon 2004 S. 452

Im Tagesverlauf wurde von Schulkindern am meisten morgens beim Aufstehen Radio gehört. Zu den Mahlzeiten lässt es sich ebenfalls vermuten. Der durch die Schule streng geregelte Tagesablauf lässt das Hören am Vormittag auf einen Tiefpunkt sinken. Jedoch bilden die frühen Nachmittagsstunden nach der Schule einen weiteren Hochpunkt.

Es ist zu erwähnen, dass Kinder am Erstellen eines Hörspiels mit 19% und Radio machen bzw. ausprobieren mit 17% von einer Gesamtmenge von 1203 Interesse bekundeten und demnach die Nachfrage nach dem Medium durch Neugierde gestärkt wurde.[74]

Im Allgemeinen ist zu erkennen, dass sich Mädchen beider Altersgruppen dem Medium Radio mehr verbunden fühlten als Jungen. Dies ist einerseits in der Verfügbarkeit der Radiogeräte in Unterabschnitt 2.2.1, andererseits aber auch an der Dauer Abschnitt 3.3 und Häufigkeit Abschnitt 3.4 sowohl der Klein- und Vorschulkinder, als auch der 6- bis 13-Jährigen erkennbar.

Auch ist zu sehen, dass mit steigendem Alter in beiden Altersgruppen die Selbständigkeit zunimmt, und somit über ein Radiogerät oder das Radiohören freier verfügt werden kann, demnach auch Nutzungsdauer und -häufigkeit steigen.

Unterschiede bestehen im Tagesverlauf. Während sich das Radiohören zu den Mahlzeiten als übereinstimmend herausbildet, zeigen sich Differenzen am Vormittag und am Nachmittag. Dies lässt sich bei den 6- bis 13-Jährigen durch den Schulbesuch am Vormittag und bei den 2- bis 5-Jährigen durch den Mittagsschlaf am Nachmittag begründen.

Die Nutzung des Radios mit Hilfe des Internets ist auf Grund der geringen Zahlen noch zu vernachlässigen. Nur eine geringe Zahl an Kindern ist zurzeit über dieses Medium zu erreichen.

---

[74] vgl. Feierabend/Rathgeb 2006 S. 51

4.   Gründe und Inhalte

Nachdem untersucht wurde, wie und ob Kinder in der Vergangenheit Radio hören, wird die Frage gestellt, was sie dazu veranlasst. Inwieweit werden Kinder von Programm und Inhalten beeinflusst, um einen bestimmten Sender zu hören? Warum hören Kinder Radio? Wozu nutzen sie gerade dieses Medium? In den folgenden Punkten soll auf Autonomie, Motive, Funktion und die Nebenbei-Beschäftigung eingegangen werden. Leider lagen bis 2007 Forschungsdaten zu diesen kausalen Hintergründen nur für Kinder ab 6 Jahren vor. Demnach werden in den folgenden Unterpunkten keine Angaben zu Kindern unter 6 Jahren gemacht.

4.1   Autonomie

Kinder müssen, wie in Punkt 2.1.3 erkennbar ist, erst ihren Geschmack und ihre Vorlieben für Radio und Musik entwickeln. Sie hören nicht sofort allein Radio, sondern werden meist durch die Eltern an das Medium herangeführt. Folgende Tabelle gibt einen Überblick über die Autonomie der 6- bis 13-Jährigen.

Alter	Höre meistens mit, was andere hören	Wähle meistens selber aus
6-7 Jahre	66	33
8-9 Jahre	54	46
10-11 Jahre	40	59
12-13 Jahre	35	64
Gesamt	46	53

Tabelle 12: Radionutzung von Kindern nach Alter
(n= alle 1307 Kinder , die mindestens ein- oder mehrmals pro Woche Radio hören)
Quelle: ARD/ZDF-Studie „Kinder und Medien 2003", Kuchenbuch, Simon 2004 S. 444

Im Altersverlauf ist eine deutliche Zunahme der Autonomie erkennbar. Bei den 6- bis 7-Jährigen hören noch zwei Drittel meistens bei anderen mit. Dagegen wählen knapp zwei Drittel der 12- bis 13-Jährigen ihr eigenes Programm aus, das sie hören. Durch den in Unterabschnitt 2.2.1 aufgezeigten Gerätebesitz im eigenen Zimmer kann man daraus schließen, dass von den 45% der Kinder, die 2002 ein eigenes Radio besaßen[75], diese selbst ihr Radioprogramm wählen.

4.2 Motive

Wenn Kinder das Radiogerät anschalten und sich, sobald sie autonom sind, auch ein eigenes Programm auswählen, haben sie eine bestimmte Erwartungshaltung, welche den Anreiz, das Radio einzuschalten, auslöst. Diese Erwartungshaltung kann sehr unterschiedlich sein. Meist haben sie die Funktion der Alltags- bzw. Situations-bewältigung für die Kinder. Radio wird demnach zur Stimmungsregulierung (Mood-Management) herangezogen. Doch wieviel Kompetenz weist das Radio auf? In welchen Gefühlssituationen wählen Kinder Radio zu hören?

Eltern gaben als Gründe für das Radiohören ihrer Kinder am häufigsten Musik-sendungen an, gefolgt von Spaß und Gewohnheit, was wiederum das Radio als Nebenbei-Medium charakterisiert.[76]

Ähnlich sind die Kinder motiviert. In der KIM-Studie 2005 wurden 1203 Kinder mit verschiedenen Situationen konfrontiert und sollten sich das Medium heraussuchen, welches am ehesten herangezogen wird. Anhand der folgenden Tabelle 13 ist erkennbar, dass das Fernsehen die meisten Kompetenzen für Kinder aufweist. Interessant ist, dass viele Kinder in allen aufgeführten Situationen eine Alternative zu den Medien suchen. Jedoch ist zu bemerken, dass das Radio weit hinter anderen auditiven Medien und dem Fernsehen liegt. Selbst beim Bedürfnis Musik zu hören, wählen die meisten Kinder Tonträger, da sie dort eigenständig festlegen können, was sie hören wollen, und dies beliebig wiederholbar ist.[77]

---

[75] vgl. Feierabend/Klingler 2003 S. 278
[76] vgl. Heidtmann, Horst S. 2
[77] vgl. Feierabend, Sabine; Rathgeb Thomas 2006 S. 57

Was nutze ich am ehesten, wenn ich ...					
(n=1203; 6-13 Jahre) in %	Radio	CD/MC/MP3	TV	andere	nichts
Musik hören will	39	46	4	4	4
besonders gute Laune habe	9	16	14	22	37
alles um mich herum vergessen will	8	15	26	31	18
mir langweilig ist	7	13	45	24	10
mit Freunden zusammen bin	7	12	14	24	42
mich geärgert habe	7	12	18	25	37
traurig bin	7	17	22	27	27
mit meinen Eltern zusammen bin	5	2	49	11	33
Spaß haben will	4	8	22	33	33
was spannendes erleben will	2	4	36	35	23
mich alleine fühle	6	10	36	31	16

Tabelle 13: Funktion verschiedener Medien 2005
Quelle: vgl. KIM 2005, Feierabend/Rathgeb 2006 S. 52

Das Radio wird demnach von Kindern am häufigsten genutzt um Musik zu hören. Die folgende Tabelle bestätigt dieses Argument und weist die Motive der Kinder zur Radionutzung auf.

Ich höre Radio, weil ...	Befragte, die Radio hören, 7-14 Jahre, in %*
ich gerne Musik höre	87,7
es einfach Spaß macht	83,2
ich dann bessere Laune bekomme	83
mir langweilig ist	74,7

die auch sonst interessante Sachen bringen	54,4
meine Freunde das auch machen	53,7
ich wissen will, was in der Welt los ist	51,9
ich da was lernen kann	49,4
mir die Sprecher und Moderatoren im Radio gefallen	47,6
wegen der Spiele	33,8
mir Hausaufgaben machen dann leichter fällt	39,8
wegen der Preise, die man gewinnen kann	30,6

* dreistufige Skala: „stimmt total", „stimmt zum Teil", „stimmt gar nicht"

Tabelle 14: Motive für das Radiohören bei Kindern
Quelle: Neue Ordnung nach Studie zur Mediennutzung bei Kindern (WDR, DLR, SFB); Eckhardt/Mohr/Windgasse 2002 S. 100

Wie in der Tabelle erkennbar, gab die Mehrheit von 87,7% an, dass sie Radio hören, weil sie gerne Musik hören. 83,2% und 83% nutzen es, um bessere Laune zu bekommen. Auch wird das Radio bei 74,7% gegen Langeweile genutzt. Dabei ist erkennbar, dass das Radio als Unterhaltungsmedium gesehen wird und die potenziell Wissen vermittelnde Funktion deutlich vernachlässigt wird.[78] Grund dafür sind die für Musik definierten Funktionen nach Schramm: Ablenkung, Entspannung und Stimmungsregulierung. Durch Musik können Menschen bewusst in einem Gefühlszustand verweilen oder ihn kompensieren (Mood-Management).[79]

Mehr als die Hälfte der befragten Kinder legt jedoch Wert auf den Wissen vermittelnden Teil und hört Radio, mit der Aussage, „weil ich wissen will, was in der Welt los ist", „weil die auch sonst interessante Sachen bringen" und „weil ich da was lernen kann". 53,7% aller 7- bis 14-Jährigen hören Radio, weil ihre „Freunde das auch machen". Das Gefallen des Sprechers und der Moderation ist ebenfalls bei 47,6% ein wichtiges Motiv, wie auch bei 30,6% die Möglichkeit, Preise zu gewinnen.

---

[78] vgl. Eckhardt/Mohr/Windgasse 2002 S. 99
[79] vgl. Schramm 2001

Zusammenfassend müssen somit bezüglich des Angebots des Radioprogramms sowohl Unterhaltungsbedürfnisse als auch der Wissensdrang der 7- bis 14-Jährigen befriedigt werden. Auch Aktivität durch Gewinnspiele wird seitens der Kinder gefordert. Daraufhin stellt sich jetzt die Frage, ob die gesprochene Darbietung und die gewünschten Inhalte auch mit der nötigen erhöhten Konzentration genutzt werden.

4.3 Radio als Nebenbeimedium

Musik wird im Radio anders rezipiert als der Wortanteil. Musik bedarf keiner großen Konzentration und kann neben einer anderen Tätigkeit nebenbei gehört werden. Anders ist das bei Geschichten, Beiträgen oder Nachrichten, diese verlangen hohe Konzentration und aufmerksames Zuhören, wenn man die Inhalte aufnehmen und behalten möchte.

Anders als beim Fernsehen wird beim Radio lediglich der Hörsinn angesprochen. Demnach setzen Kinder, wie auch die Erwachsenen ihre Tätigkeit während des Radiohörens fort, bzw. nutzen das Radio als Nebenbeimedium für bestimmte Tätigkeiten. In der untenstehenden Tabelle ist zu erkennen, dass lediglich 6,3% der Kinder in Berlin/Brandenburg bewusst Radio hören. Bei gut zwei Drittel der Kinder läuft das Radio nebenher. Die 7- bis 8-Jährigen hören am aufmerksamsten und schenken dem Radio die höchste Zuwendung.[80] Dies ist begründet in der mit ansteigendem Alter zunehmenden Mediensozialisation, wie in Unterabschnitt 2.3.3 näher beschrieben.

Befragte, die Radio hören, 7-14 Jahre, in Berlin/Brandenburg, in %	
Radio läuft nebenher	72,3
Beides in etwa gleich	16,1
Höre meistens genau hin	6,3
Keine Angaben	5,1

Tabelle 15: Zuwendung zum Radioprogramm bei Kindern
Quelle: Studie zur Mediennutzung bei Kindern (WDR, DLR, SFB); Eckhardt/Mohr/Windgasse 2002 S. 99

---

[80] vgl. Eckhardt/Mohr/Windgasse 2002 S. 99

4.4 Interessen und Tätigkeiten

Weiterhin ist zu klären, wobei das Radio nebenher rezipiert wird. Was für motorische oder kognitive Tätigkeiten machen dem Radio die Aufmerksamkeit streitig?

In der folgenden Tabelle sind die Beschäftigungen der Kinder neben dem Radiohören mit entsprechenden Häufigkeiten aufgeführt.

Befragte, die Radio nebenbei hören, 7-14 Jahre, in Berlin/ Brandenburg, in %	
beim Frühstück, Mittagessen, Abendessen	61,6
faulenze, tue nichts	40,1
Hausaufgaben machen	31,1
rede mit Eltern, Familie	30,9
Bücher, Zeitungen, Zeitschriften lesen	30,3
erledige Arbeiten im Haushalt	27,6
Briefe schreiben	15,7
rede mit Freunden	15,3
am Fahrrad basteln, reparieren	5,7
im Auto mitfahren	5,5
spielen, basteln, malen	2,5
morgens, beim Aufstehen, lasse mich vom Radio wecken	1,4
im Bad, beim Duschen	1,4
am Computer spielen, Handy, Internet chatten	1,2
treibe Sport	0,6

sonstiges	3,1
keine Angaben	1,2

Tabelle 16: Beschäftigungen von Kindern während des Radiohörens
Quelle: Neue Ordnung nach Studie zur Mediennutzung bei Kindern (WDR, DLR, SFB);
Eckhardt/Mohr/Windgasse 2002 S. 99

Hierbei wird die Vermutung in Unterabschnitt 3.2 bestätigt. Die meisten Kinder, die nach eigenen Angaben nebenbei hören, nutzen das Radio während der Mahlzeiten. Denn die Hochpunkte der Rezeption lagen dabei in Unterabschnitt 2.2.2 jeweils zu Zeiten, an denen üblicher Weise Mahlzeiten eingenommen werden (6 bis 8 Uhr Frühstück, 12 bis 14 Uhr Mittag- und 18 bis 19 Uhr Abendessen). Nach den Mahlzeiten wird Radio von 40% beim Faulenzen/nichts tun gehört, danach folgen zu fast einem Drittel jeweils das Hausaufgaben machen, Bücher, Zeitungen oder Zeitschriften lesen bzw. mit den Eltern/der Familie reden.

„Insgesamt zeichnet sich hier das Bild eines par excellence begleitenden Mediums ab, das mit zunehmendem Alter und Mediensozialisation nur in seltenen Fällen aufmerksames Zuhören zulässt"[81].

Erkennbar ist auch, dass der Anteil der Nebenbeschäftigungen der Kinder, welche die motorischen Fähigkeiten ansprechen, wie „erledige Arbeiten im Haushalt", „am Fahrrad basteln, reparieren", „treibe Sport" oder „im Auto mitfahren", im Gegensatz zu denen, welche die kognitiven Eigenschaften ansprechen, wie „Hausaufgaben machen", „Bücher, Zeitungen, Zeitschriften lesen" oder „Briefe schreiben", überwiegen.

Doch die Aufmerksamkeit wird nicht nur von der aktuellen Beschäftigung geleitet. Wenn Interesse an einzelnen Programmteilen geweckt wird, fördern diese die Aufmerksamkeit des Rezipienten und demnach auch das bewusste Zuhören.

Jedoch mögen Kinder jeden Alters Unterhaltsames und Musik. Nachrichten möge nach Theunert u.a. (1995) die Mehrheit nicht. Jedoch hätten Kindernachrichten auf einem richtigen Sendeplatz durchaus eine Chance. Als beliebte Themen wurden Infos über Tiere und Natur genannt. Die Genre-, Sendungs- und Musikvorlieben sind

---

[81] Eckhardt/Mohr/Windgasse 2002 S. 99

altersabhängig. Ab dem Grundschulalter trennen sich jedoch die Vorlieben für Mädchen und Jungen. Mädchen mögen eher beziehungsbetonte Geschichten mit weiblichen Helden, die sozial handeln. Jungen favorisieren Action mit durchsetzungsstarken Helden.[82] Auf die Musik bezogen erwerben Kinder bis zum achten oder zehnten Lebensjahr grundlegende musikalische Kompetenzen einer Musikkultur. Erst im zweiten Lebensjahrzehnt, auf der Suche nach einer eigenen Position, suchen Kinder auch nach einer eigenen Identität innerhalb der Musikkultur.

Somit entwickelt sich der eigene Musikgeschmack, bzw. Vorlieben und Abneigung gegenüber verschiedenen Musikstilen und -genres, erst ab einem Alter von etwa 10 Jahren. Hierbei besteht ein direkter Zusammenhang mit der Persönlichkeitsentwicklung und kultureller Identität.[83]

Folgende Tabelle zeigt, welche inhaltlichen Interessen die 7- bis 14-Jährigen beim Radiohören verfolgen.

Befragte, die Radio hören, 7-14 Jahre, in Berlin/ Brandenburg*	
Musik	3,7
Witze, Sketche, lustige Sachen	3,0
Sachen, die der Moderator oder Sprecher erzählt	2,5
Nachrichten für Kinder, Jugendliche	2,4
Hörspiele für Kinder, Jugendliche	2,4
Berichte, Reportagen zu verschiedenen Themen	2,3
Gewinnspiele	2,1
Mitmachaktionen, z.B. Anrufen, Schreiben	2,1
Nachrichten für Erwachsene	1,8
Wetterbericht	1,8

---

[82] vgl. Theunert, Helga u.a. 1995 S. 34ff
[83] vgl. Gembris, Heiner 2002

Hörspiele für Erwachsene	1,7
Werbung	1,7
Verkehrsfunk	1,4

* Vierstufige Skala: 1 = „gefällt mir überhaupt nicht" bis 4 = „gefällt total gut"

Tabelle 17: Interessen für Bestandteile des Radioangebots bei Kindern

Quelle: Neue Ordnung nach Studie zur Mediennutzung bei Kindern (WDR, DLR, SFB); Eckhardt/Mohr/Windgasse 2002 S. 100

Wie in der obigen Tabelle zu sehen ist, wollen Kinder vor allem Musik hören, wenn sie das Radio anschalten. Als zweites mögen sie Witze, Sketche und lustige Sachen. Darauf folgen Sachen, die der Moderator oder Sprecher erzählt, dicht gefolgt von Nachrichten und Hörspielen für Kinder. Dies zeigt, dass Kinder sich neben Musik für die auditiven Produkte entsprechend ihrer Zielgruppe durchaus interessieren und diese gerne hören.

4.5 Funktion und Bedeutung von Kinderradio

Nach Walter Klingers Einschätzungen 1996 sollte das Radio bis zum Jahr 2000 für die 6- bis 13-Jährigen weiter an Bedeutung verlieren. Drei zum Teil schon realisierte Optionen bieten sich an, um das Radio für Kinder attraktiver zu machen. Zum einen ein „formatgerechtes Kinderfenster" in jungen Programmen, weiterhin spezielle Samstags-Kanäle bzw. Wochenendkanäle und massives Zugehen auf Medienverbund zw. TV, Radio und Kassette.[84]

Bei einer derart schlechten Prognose bezüglich Kinderradio ist die Notwendigkeit von noch höherer Dringlichkeit, dass Kinder ein eigenes Radio brauchen.

Seitens der öffentlich-rechtlichen Sender gibt es lediglich mehrstündiges Kinderprogramm, wie in Unterabschnitt 2.5.1 aufgeführt. Das Private Radio dagegen bewegt seine Zielgruppe im Rahmen der Marktanalyse – 14 bis 49 Jahre. „Wer unter 14 ist – und das sind schließlich Kinder und Jugendliche – existiert durch die Unbeweglichkeit der bisherigen Mediaanalyse Radio Befragung und ihrer Verantwortlichen

---

[84] vgl. Klingler in Schill, Baacke (1996) S.28f

nicht. Deshalb auch keine Programmierung in diese Altersgruppe hinein, deshalb auch keine Musikpositionierung und Kreativität für diese Altersgruppe als Radio."[85]

Der folgende Unterabschnitt beantwortet die daraus entstehenden Fragen: Welche Bedeutung hat das Radio für die von den privaten Radiosendern bisher ausgesparte Zielgruppe? Wie grenzt es sich zu Fernsehen und Tonträgern ab? Welche Funktion erfüllt das Radio in der medial beeinflussten Alltagswelt von Kindern? Welche Gründe sprechen demnach für ein Kinderradio?

4.5.1 Abgrenzung des Radios von Tonträgern, Speichermedien und Fernsehen

Wie schon in Unterabschnitt 2.1.1 beschrieben, haben Speichermedien bzw. Tonträger den erheblichen Vorteil, dass sie räumlich und zeitlich durch beispielsweise das Smartphone, einem mp3-Player oder Diskman jederzeit verfügbar sind. Tonträger vermitteln Kommunikationsansprüche. Z.B. kann das Kind selbst bestimmen, in welcher Stimmungslage es ist und je nach Bedürfnis den entsprechenden medialen Hörinhalt auswählen. Stimmungen können so reguliert werden, dem Verlangen nach Unterhaltung wird nachgegangen und Kinder können sich bestimmt und gewollt mit beispielsweise Geschichten oder Hörspielen in Tagträume versetzen.[86] Andererseits vermitteln sie auch Geborgenheit und Verlässlichkeit, und sind wirksam gegen Einsamkeit. Sie können gezielt im Hintergrund beim Spielen oder bei den Hausaufgaben eingesetzt werden, so dass das Gefühl entsteht, dass noch etwas Vertrautes da ist, etwas das man kennt, weil man es schon einmal gehört hat.[87]

Wie mehrfach in Abschnitt 2.2 erkannt, steht das Fernsehen bei Kindern an erster Stelle. Es herrscht eine stärkere Bindung und Abhängigkeit und auch eine größere Nutzung. Jedoch war das Radio das erste Medium vor dem Fernseher. Radio ist des Öfteren im Kinderzimmer vorhanden und wird nicht so stark von den Eltern reglementiert. Radio ist fast überall ständig verfügbar. Es sind beispielsweise mehr Radios als Fernsehgeräte in Haushalten vorhanden. Diese stehen dann in verschiedenen Zimmern, so dass von Kindern und Eltern unterschiedliche Programme

---

[85] Widert, Lothar 2005 S.6
[86] Heidtmann, Horst 1994 / 2004 S.5
[87] vgl. Klinger in Schill/Baacke 1996 S. 29

rezipiert werden können. Ein wichtiger Faktor ist auch die Verfügbarkeit des Radios im Auto, da das Mitfahren im Auto für Kinder meist sehr langweilig ist und da häufig außer tragbaren Geräten und dem Autoradio kein weiteres Medium zur Verfügung steht. Zwar hören, wie in Unterabschnitt 2.3.3 zu sehen ist, nur 5,5% der 7- bis 14-Jährigen im Auto Radio, jedoch ist diese Prozentzahl nicht repräsentativ. Jedes Kind isst täglich, duscht oder macht Hausaufgaben. Im Auto mitfahren ist jedoch gerade in größeren Städten, aufgrund des gut ausgebauten öffentlichen Nahverkehrsnetzes für Kinder keine alltägliche Handlung. Demnach müsste, um eine prozentuale Betrachtung vornehmen zu können, hier die Grundgesamtheit gleich aller Kinder, die täglich oder fast täglich im Auto mitfahren entsprechen. Es ist anzunehmen, dass ähnlich wie in den USA, Autos auch in Deutschland ein Riesen-Markt sind und „die Hördauer im Auto groß"[88] ist. Demnach sollte die Differenz der absoluten Zahlen der Kinder, die im Auto mitfahren und der, die im Auto Radio hören, gering sein.

In Abgrenzung zum Fernsehen hat der Hörfunk laut Burmeister (1997) nur geringe Chancen. Er „befriedigt andere kommunikative Bedürfnisse, spricht eher die Gefühls-welt an, versetzt Kinder in bestimmte Stimmungen, hilft ihnen beim Entspannen, dient als Begleitmedium und Identifikationsmedium."[89] So steht nach Burmeister der Hörfunk nicht in direkter Konkurrenz zum Fernsehen.

4.5.2 Funktion von Kinderradio

Kinder urteilen meist nicht selbst über das, was sie hören oder sehen, wie sich am Beispiel Fernsehen erkennen lässt. Die Erziehungsberechtigten, wie eine Umfrage von Eltern von durchschnittlich 5-jährigen Kindern zeigte, beurteilen das Angebot und die Inhalte von Fernsehen anhand von „pädagogischen Gesichtspunkten, was zu einer deutlichen Präferenz für die öffentlich-rechtlichen Angebote führte".[90] Somit sind bestimmte inhaltliche Kriterien nach Meinung der Eltern dafür ausschlaggebend, ob deren Kinder diese rezipieren dürfen. Kindgerechte Sendungen zeichnen sich demnach durch Werbefreiheit sowie einen dem Alter angemessenen Inhalt aus. Als Gründe, warum bestimmte Sendungen für ihre Kinder geeignet seien, urteilten die Eltern, sie seien lehrreich, altersadäquat, gewaltfrei, informativ, lustig, unterhaltsam

---

[88] Widert, Lothar 2005 S. 3
[89] vgl. Burmeister, Anke (1997) S. 51
[90] vgl. Götz, Hofmann, Reichenberger 2002

und verständlich. Für ihre Kinder ungeeignet empfanden sie dagegen gewalthaltige, nicht altersadäquate, zu schnelle, wirklichkeitsfremde, Angst machende, unverständliche und niveaulose Inhalte. Sie sind der Meinung, Fernsehen soll etwas Positives leisten.[91]

Diese Kriterien und Einschätzungen der Eltern bezüglich des Fernsehkonsums ihrer Kinder sind auch auf die Anforderungen an den Konsum von Radio übertragbar.

Im Folgenden ist dargestellt, was Erziehungsberechtigte an Medien für Ihre Kinder schätzen.

Gesamt n= 1203, in %	Radio	Bewegtbilder (BB)**	Hauptmedium*
fördern die Fantasie der Kinder	14	46	Buch (71)
liefern Gesprächsstoff	17	72	BB** (72)
Kinder lernen aus Medien	15	51	Buch (60)
Kinder haben Spaß	21	68	BB (68)
Eindruck vom wirklichen Leben	15	46	BB (46)
für Kinder spannend	13	70	BB (70)
Unterstützung für die Schule	11	36	Buch (61)
um bei Freunden mitzureden	16	67	BB (67)
bieten Vorbilder	10	34	Buch (45)
Einfluss auf Gewaltbereitschaft	6	72	BB (72)
ungeeignete Dinge	8	69	BB (69)
* zur Auswahl standen Buch, Computer, Internet, Kassette/CD/MP3-Speichermedium, Radio, TV/Video/DVD			
** Bewegtbilder (BB) = TV/Video/DVD			

Tabelle 18: Bedeutung von Medien für Kinder 2005 – Angaben der Erziehungsberechtigten
Quelle: vgl. KIM 2005, Feierabend/Rathgeb 2006 S. 57

---

[91] vgl. ARD Forschungsdienst, „Medien- und Programmqualität aus Zuschauersicht 2004 Media perspektiven" S. 597f

In dieser Tabelle ist die Bedeutung der Medien für Kinder nach Beurteilung der Erziehungsberechtigten zusammengefasst. Dabei ist zu erkennen, dass Eltern Bewegtbilder am gefährlichsten empfinden, bezüglich Gewaltbereitschaft mit 72% und ungeeignete Dinge mit 69%.

Jedoch werden Bewegtbilder gleichzeitig als das Medium gesehen, welches den meisten Gesprächsstoff, Spaß und Spannung liefert sowie für Kinder wichtig ist, um bei Freunden mitreden zu können. Demnach handelt es sich hierbei um ein ambivalentes Verhältnis. Bücher werden allgemein als positiv und fördernd gewertet. PCs nehmen hierzu eine stützende Rolle ein, jedoch ist die Nutzung des Internets mit Ängsten besetzt.[92]

Zwar liegt das Radio in sämtlichen Kategorien der oberen Tabelle hinter den Bewegtbildern, dennoch wird ihm zugeschrieben, es liefere Spaß (21%) und Gesprächsstoff (17%), es sei lehrreich (15%) und fördere die Fantasie (14%). Im Allgemeinen kann davon ausgegangen werden, dass das Radio für Kinder nach Einschätzung der Eltern keine gezielten Funktionen erfüllt und daher lediglich eine geringe Bedeutung im Medienumfeld von Kindern besitzt.

Laut einer Umfrage bezüglich der Familie und Fernsehen (n=162) legen Eltern vor allem großen Wert auf „Verständlichkeit" insbesondere der Nachrichten, und auf „ästhetische Qualität". Bildungs- und Informationssendungen werden dabei von Erwachsenen sehr geschätzt. Kind- bzw. altersgerechte Sendungen werden ebenso bevorzugt. Erst mit erheblichem Abstand folgen lustige und unterhaltende Inhalte.[93]

Jedoch wird die Förderung der Rezeption von Radio von Kindern seitens der Eltern vernachlässigt, da das Medium Radio nicht als so wichtig erachtet wird. Hier wirft sich ein neuer Ansatzpunkt auf, der für die Rezeption von Kinderradio wichtig ist: Das Programm muss auch für Eltern interessant sein. Denn nur so führen sie ihre Kinder frühzeitig an qualitativ hochwertigen Hörfunk heran und wecken schon im Kleinkindalter Interesse für dieses Medium. Radio kann so Medien-, Sprach- und Lesekompetenz fördern und genaues Hinhören schulen.

„Das oft gehörte Argument der Forscher, Kinder könnten nicht wiedergeben, und sich erinnern, was sie hören, ist lächerlich. Kindern mutet man ab 3 Jahren im Kinder-

---

[92] vgl. Feierabend/Rathgeb 2006 S. 56
[93] vgl. Götz/Hofmann/Reichenberger 2002 S. 20

garten und dann in der Schule ab 6 Jahren mit Recht täglich weitaus mehr intellektuelle Leistungen ab, als sich simpel daran zu erinnern, was man gehört hat."[94] Des Weiteren fördert und fordert Zuhören die Konzentration auf das Gesprochene und auf den Inhalt. Im Gegensatz zu Bewegtbildern lässt Radio noch ausreichend Raum für die Fantasie der Kinder, da die gesprochenen Worte durch den Rezipienten in eigene Bilder umgesetzt werden.[95] „Gleichzeitig eröffnet jedoch die Beschränkung auf den Hörsinn besonderen Raum für Assoziationen, für eigene Bilder im Kopfe des Hörers. Erzählungen Lesungen oder Hörspiele übermitteln ihre Botschaften durch gesprochene Sprache. ... Das gesprochene Wort ist immer auch Klang oder Lautmalerei, vermag nicht nur Ideen-, sondern auch Gefühlsassoziationen auszulösen. Gesprochenes wirkt somit gleichzeitig auf Verstand und Gefühl."[96]

Radio nimmt auch eine Wissens vermittelnde Funktion ein. Welches Wissen sich Kinder jedoch aus dem Radio aneignen, ist interessenabhängig. Auf das Interesse haben wiederum das biologische Alter und die Anregung der Umgebung Einfluss. Grundschulkinder suchen Alltagswissen, welches hilft, ihr Leben zu bestreiten und gestalten. Ältere Kinder möchten die Welt, die sie umgibt begreifen, und erweitern ihr Wissen auf komplexere Themen.[97]

Das Radio sollte die Funktion übernehmen, die Altersgruppe Kinder bezüglich Medienkompetenz zu schulen. Kinder werden in ihrem Alltag jeden Tag aufs Neue von unterschiedlichsten Medien beeinflusst. Daher müssen sie schon frühzeitig die Fähigkeit entwickeln, „Inhalte von Informationen und ihre Wirkungsabsicht verstehen zu können und darüber hinaus ihre ökonomischen, politischen, personellen und künstlerisch-technischen Entstehungsbedingungen zu erkennen."[98] Kinder sollten lernen, mit Medien und deren Inhalten umzugehen und „autonom in der Lage sein, den Anforderungen der Mediengesellschaft zu entsprechen. Sie sollen sich dort selbst behaupten können, wo ihnen Erwachsene keinen umfassenden Schutz und keine unterstützende Anleitung mehr gewährleisten können."[99] Medienkompetenz

---

[94] Widert, Lothar 2005 S. 6
[95] vgl. Heidtmann, Horst 2004 S. 3ff
[96] Heidtmann, Horst 2004 S. 3
[97] vgl. Theunert, Helga 1995 S. 70ff
[98] Fink, Cordula in Gesellschaft für Medienpädagogik und Kommunikationskultur 2001 S. 90
[99] Meister, Dorothee M. in Gesellschaft für Medienpädagogik und Kommunikationskultur 2001 S. 56

umfasst nach Heidtmann (2004) die Förderung sozialer Kompetenzen, die Erhöhung von Handlungs- und Kommunikationsfähigkeit, die Beförderung kommunikativen Handelns mit Medien, die Entwicklung von Rezeptionsfähigkeiten und die Vermittlung von Fähigkeiten zur Analyse von Inhalten und Strukturen der Medien. Kinder müssen den Umgang mit Medien und deren Inhalten erst erlernen.

Somit ist Hörfunk nicht nur „musikalische Berieselung", sondern soll „Denkanstöße geben, Hilfe bei der Weltanschauung"[100] und die Fantasie der Kinder anregen.

Hörfunk fördert auch die Hörfähigkeit. Die Erschließung des Sinns von gehörten Wörtern und gesprochener Sprache ist eine wichtige Voraussetzung für die Fähigkeit zum Sinn erschließenden Lesen.[101] Somit nimmt im Speziellen Kinderhörfunk eine lehrende Funktion ein, welche Lese- und Medienkompetenz vermitteln soll (siehe auch Unterabschnitt 2.2.2).

Daher ist ein Kinderradio, welches Medienkompetenz bei Kindern fördert, aber nicht voraussetzt, von großem Nutzen.

4.5.3 Bedeutung von Kinderradio

Kinderradioprogramm gewinnt jedoch erst dann an Bedeutung, wenn es durch seine Zielgruppe, also durch Kinder leicht zu finden und demnach schnell zu rezipieren ist. Da, „wo es für sie keine deutlich erkennbaren Sendeplätze und keine Regelmäßigkeiten im Programm gibt",[102] geht auch die Bedeutung und die Begeisterung der Kinder für das Medium Radio verloren. Besonders geschätzt werden, bei den derzeit zerpflückten Programmteilen der öffentlich-rechtlichen Anbieter, regelmäßige Sendungen mit festen Sendeplätzen.[103] Kinder sind ungeduldig. Ihnen dauert die Suche nach Programmen (Zeit und Frequenz) zu lange, sie brauchen eine Frequenz, auf der sie sich ständig angesprochen fühlen. Nur so können Hörer von morgen gewonnen werden, welche ihre Hörgewohnheiten, die sie erlernen, so ausprägen, dass sie dem Radio gegenüber eine hohe Erwartungshaltung aufbauen und somit ihr Ohr für ein anspruchsvolles, qualitativ hochwertiges Programm geschult wird. Es handelt sich hierbei um eine nachwachsende Zielgruppe, wobei eine frühzeitige

---

[100] Heidtmann, Horst 1994
[101] vgl. Heidtmann, Horst 2004 S. 3
[102] Wiedemann, Dieter in Bergmann, Susanne u.a. 2002 S. 3
[103] vgl. Theunert, Helga u.a. 1995 S. 34

Bindung an ein Medium sinnvoll ist. Demnach ist nach Burmeister „die Einrichtung eines Kinderhörfunkprogramms von durchaus rundfunkpolitischer Relevanz".[104]

Auch aus bildungs- und kulturpolitischer Sicht ist im Hinblick auf die Kompetenz-rückstände im Zusammenhang mit der Pisastudie ein Kinderradio sinnvoll. Eine weitere Aufforderung an den öffentlich-rechtlichen Hörfunk ist der spezifische Bildungs- und Kulturauftrag, welchem diese nachkommen müssen. Aus entwicklungspsychologischer sowie aus bildungspolitischer Sicht wäre nach Heidtmann besonders für jüngere Kinder ein eigenes, nichtkommerzielles Rundfunkprogramm wünschenswert.[105]

Dass ein qualitativ hochwertiges, direkt auf die Zielgruppe Kinder zugeschnittenes und dem Alter der Kinder angepasstes Kinderradio auch angenommen würde, zeigen u.a. Erfahrungswerte des KI.KA, denn „der KI.KA hat mit Abstand das beste Image – in der Zielgruppe und natürlich bei den Eltern ... zum Wohl der Kinder, ohne Werbung. ... [Der KI.KA setzt] kompromisslos auf Qualität und Vielfalt."[106] Er kann somit als Marktführer des Qualitäts-Kinderfernsehen im deutschen Fernsehprogramm angesehen werden. Zwar kommt der KI.KA „bei allen Zuschauern ... auf unveränderte 1,2% und bei den Kindern auf leicht gestiegene 12,2% (+0,2)"[107] Dennoch ist der quantitative Marktführer von Kinderfernsehen bei allen Zuschauern Super RTL mit 2,8%, wie der folgenden Tabelle zu entnehmen ist.

Marktanteile 2005 (*Zuschauer ab 3 Jahre, Bundesrepublik Deutschland gesamt, rund um die Uhr*)	
Programm	**Marktanteil** (in Prozent)
KI.KA	1,2
Super RTL	2,8

Tabelle 19: Marktanteile 2005 für KI.KA und Super RTL
Quelle: vgl. ZDF Jahrbuch 2005 S. 190

---

[104] vgl. Burmeister, Anke (1997) S. 52 & Wiedemann, Dieter in Bergmann, Susanne u.a. 2002 S. 3
[105] vgl. Heidtmann, Horst 2004 S. 4
[106] Beckmann, Frank 2005 S. 15f
[107] Gerhard, Heinz, ZDF - Jahrbuch 2005 S. 187

Die Zugriffszahlen geben jedoch lediglich über die Zuschauerzahl Auskunft, aber nicht über deren Präferenzen bzw. den Lieblingssender der Kinder. Bei einer diesbezüglichen Umfrage der ARD/ZDF-Studie „Kinder und Medien 2003"[108] gaben 52% der 6- bis 13-jährige Kinder an, KI.KA als Lieblingssender zu haben. Mit 43% folgt RTL und erst auf Platz drei befindet sich Super RTL mit 39%. Aus dieser Umfrage geht auch hervor, dass KI.KA der Sender mit der höchsten emotionalen Bindung ist und das beste Senderimage bei Kindern hat.[109] Qualitativer Kinderhörfunk, welcher auf die Bedürfnisse und Ansprüche der Kinder eingeht, macht einen Sinn, so dass diese ihn für sich nicht nur als Nebenbeimedium entdecken. Denn gerade ein „Hinhör-Funk" fehlt ihnen in diesem medialen Angebot, das jeden Tag aufs Neue auf sie einströmt.

Nach Ingrid Paus-Hasebrink[110] gibt es „Zehn gute Gründe für ein Kinderradio aus Sicht der Medienforschung", welche u.a. als Grundlage für die Ableitungen der Kriterien für die Bewertung eines Hörfunkprogramms dieses Buches bilden. Hier nun auszugsweise Gründe, aus denen sich die Kriterien ableiten lassen.

Es sollte nicht nur „aber auch" Radio für Kinder geben. Sie brauchen einen Sender der sie den ganzen Tag über begleitet mit ihrer Musik, sich für ihre Probleme und Belange einsetzt, sich mit ihren Interessen beschäftigt und Informationen für sie verständlich aufbereitet. Er sollte auch zum Stressabbau, zur Entspannung und zur Regulierung von Emotionen und Sozialbeziehungen[111] dienen.

Ein weiterer Punkt ist das Radio als Teil der frühen Kinderkultur und, dass es schon in diesem Kontext eine wichtige Rolle spiele. Zwar gewinne Radio erst im Laufe der Grundschulzeit bei Kindern an Bedeutung, jedoch hat das bisher angebotene Programm unter „bestimmten (lebensweltlichen) Bedingungen bereits ein dankbares Publikum auch jüngerer Kinder"[112]. Bei älteren Kindern solle Radio als aktueller Musiklieferant dienen.[113]

---

[108] Rahmenbedinungen der Umfrage: n= 2069 Kinder, die mindestens ein- oder mehrmals pro Woche fernsehen; Maximal drei Nennungen (gestützt) bei der Frage: „ Welche Fernsehsender siehst du am liebsten?" siehe auch Frey-Vor/Schumacher 2004 S. 434
[109] vgl. Frey-Vor/Schumacher 2004 S. 431
[110] vgl. Schill/Linke/Wiedemann 2004 S. 29ff
[111] vgl. Paus-Haase 2001
[112] Paus-Hasebrink in Schill/Linke/Wiedemann 2004 S. 32
[113] vgl. Paus-Haase 2001

Des Weiteren ist Radio in den Augen von Paus-Hasebrink ein zentraler Teil einer Subkultur. Für eine bestimmte Gruppe junger Menschen, etwa 7% aller Kinder, stellt „das Radio ihr absolutes Lieblingsmedium"[114] dar. Allein für diese, meist Jungen, die das Radio allen anderen Medien vorziehen, lohne es sich „zur Befriedigung sozialer bzw. emotionaler Bedürfnisse, zur Unterhaltung, zum Wissenszugewinn und zur Orientierung"[115] mittels qualitativen Hörfunks beizutragen.

Kinderradio stellt auch eine medienpädagogische Chance und Verpflichtung dar. Der Hörfunk hat die Möglichkeit, Kindern, die sich nach Paus-Hasebrink noch in ihrer ästhetischen Lebensphase befinden, das Hören als sinnliches Erlebnis zu vermitteln und den Hörsinn zu schulen. Somit würde durch Radiohören nicht nur Medien-kompetenz erlernbar und vermittelbar sein, sondern auch Sprach- und Lese-kompetenz (siehe auch Abschnitt 2.3).

Kinderradio könnte Kindern eine Lobby bieten. Kinder hätten einen Anlaufpunkt für ihre Interessen und könnten so am öffentlichen Diskurs teilhaben. Ein Radiopro-gramm, welches sich für die Belange von Kindern interessiert, würde diese in ihrem Vorhaben und Denken stärken.[116]

Ein fundamentaler Grund widerlegt vielerlei Gegenargumente, denn Kinderradio ist machbar. Paus-Hasebrink bringt hier das Beispiel des Kinderradiosenders Radijojo (siehe Unterabschnitt 2.5.2) an. Weitere Beispiele für qualitativ hochwertiges Programm zeigen einzelne Programmteile der öffentlich-rechtlichen Sendeanstalten sowie der Webchannel für Kinder des WDR mit dem Kinderradiosender KIRAKA (siehe Unterabschnitt 2.5.1).

Aber auch das erste deutsche private Kinderradio Radio TEDDY zeigt, dass Kinderradio realisierbar ist. Hier bleibt nur die Frage bestehen, unter welchen Gesichtspunkten die Radioprogramme agieren und ob sie den im nächsten Kapitel folgenden Kriterien entsprechen.

Zu guter Letzt ist nicht nur durch differenzierte Kinderwünsche ein eigenes Kinderradio nötig, sondern seitens der Kinder selbst besteht mit 66,7%[117] der

---

114 Paus-Hasebrink in Schill/Linke/Wiedemann 2004 S. 33
115 Paus-Hasebrink in Schill/Linke/Wiedemann 2004 S. 33
116 Paus-Hasebrink in Schill/Linke/Wiedemann 2004 S. 36
117 Paus-Hasebrink in Schill/Linke/Wiedemann 2004 S. 35

Wunsch eines Radios für sie. Sie fordern einen „KI.KA für die Ohren". Folgendes Zitat stellt eindringlich die Bedeutung eines Kinderradios und seine Aufgabe dar: „Kindern sinnvolle Angebote zu machen, die ihrer Entwicklung zuträglich sind, ihre Fähigkeiten, Emotionen, Neugierde und Kreativität ansprechen und fördern und ihnen helfen, auf die vielen Fragen Antworten zu finden, die sie an den Alltag und die Welt haben, ist eine Aufgabe, der sich ein Medium ... auf Dauer nicht entziehen kann."[118] Die Gründe und die Notwendigkeit eines Kinderhörfunkprogramms sind somit belegt. Dennoch bestimmen Für und Wider die Diskussion um Förderung und Umsetzung von Kinderradio in Deutschland. Doch welche Kriterien müsse Kinderradio erfüllen, um den Anforderungen von Eltern und Pädagogen gerecht und dennoch von den Kindern akzeptiert und gern gehört zu werden? Im folgenden Kapitel erfolgt die Entwicklung von zehn Kriterien, welche ein Kinderradioprogramm formal und inhaltlich erfüllen sollte.

---

[118] Theunert u.a. (1995) S. 170f

5.   Entwicklung und Ableitung von Kriterien

Dass Medien den Alltag von Kindern bestimmen[119], lässt sich anhand der Nutzungshäufigkeit und -dauer erkennen. Täglicher Medienkonsum ist zur Gewohnheit
geworden und Medien sind aus dem Alltag von Kindern nicht mehr wegzudenken.
Jedoch werden an Kindermedien gewisse Ansprüche gestellt. Denn wer „Kinder als
Publikumsgruppe ernst nimmt und ihnen ein angemessenes Programm anbieten will,
das ihre Wünsche und Ansprüche befriedigt, muss sie in größerem Umfang mit quali-
tätsvollen Angeboten bedienen und die Programmstrukturen an ihren Rezeptions-
bedingungen ausrichten"[120]. Zwar ist diese Forderung an das Kinderfernsehen
gerichtet, trifft aber ebenso als ein Qualitätsmerkmal für Kinderradio zu. Dass man
der Nachfrage von Kinderradio gerecht werden muss, wurde bereits durch inhaltliche
Aspekte in Kapitel 3 und Abschnitt 4.5 dargelegt. Aufgrund der

-   Nutzungserscheinungen von Medien von Kindern (siehe Kapitel 3),
-   Funktionen und Bedeutung, die Kinderradio einnimmt (siehe Abschnitt 4.5),
-   Gründe, die für ein Kinderradio sprechen (siehe Unterabschnitt 4.5.3) und
-   bisherigen Nachfrage und Rezeption vom KI.KA (siehe ebenso Unterabschnitt
    4.5.3)

kann davon ausgegangen werden, dass es eine erhebliche Nachfrage nach einem
Radioprogramm gibt, das den Ansprüchen einer Nischen-Zielgruppe – den Kindern –
gerecht wird. Somit wird davon ausgegangen, dass folgende These belegt wurde:
„Kinder-Radio lohnt sich!"[121]

Anhand der bisher aufgestellten Thesen und dargelegten Statistiken und Quellen
haben sich formale und inhaltliche Kriterien herausgebildet. Hierbei wurden Paus-
Hasebrinks „Gründe für ein Kinderradio" (2004) sowie die „Kriterien für ein
Fernsehen, das Kinder wollen und brauchen" von Theunert/Lenssen/Schorb (1995),
Grewenigs Kriterien in „Qualität fürs Kinderfernsehen" (2005) und Burmeisters

---

[119] Mohr, Inge in Schill, W. u.a. (2004) S. 45
[120] Theunert u.a. (1995) S. 167
[121] Baacke, Dieter in Schill, Wolfgang/Baacke, Dieter (1996) S. 48

„Kriterien für ein Kinderhörfunkprogramm" (1997) bzw. auch die 25 Qualitätskriterien für Kinderfernsehen von Hackl[122] zur Unterstützung herangezogen.

Die formalen Kriterien bilden dabei eine aufeinander aufbauende kausale Kette, wobei ein Kriterium das nächste bedingt, bzw. voraussetzt. Die inhaltlichen Kriterien basieren gleichrangig, beeinflussen sich indirekt, setzen sich aber nicht voraus oder bedingen einander.

5.1 Formale Kriterien

Die formalen Kriterien fangen mit einem Grundkriterium an. Kinder brauchen ein festes und regelmäßiges Programm, welches leicht zu finden ist, wie in Unterabschnitt 4.5.3 beschrieben.

Die Angebote müssen sich demnach entsprechend der Sendezeit altersgerecht an ihre Zielgruppe und deren Tagesablauf anpassen. Wie in Abschnitt 3.2 zu sehen ist, hören Kinder unterschiedlichen Alters zu unterschiedlichen Tageszeiten Radio. Zu Hauptzeiten, wie z.B. in den Morgenstunden und zu den Mahlzeiten, wo Kinder verschiedener Altersgruppen zuhören, sollten Angebote für jede Altersgruppe zu finden sein.

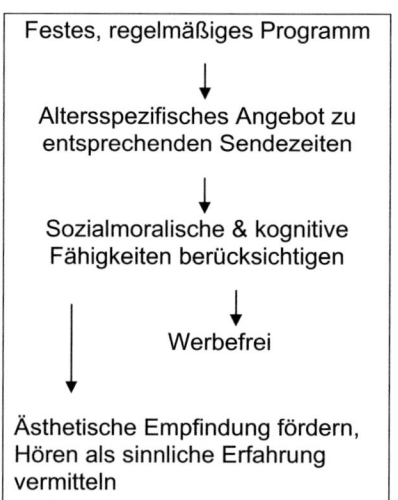

Abbildung 8: Formale Kriterien

Diese Angebote sind nur dann altersgerecht, wenn sie sich an die kognitiven und sozialmoralischen Fähigkeiten der Kinder, in Unterabschnitt 2.2.2 beschrieben, anpassen. Mit dem Alter steigt die Medienkompetenz und das Interesse an Inhalten ändert sich. Somit sollte Radio, um seine jungen Hörer zu fördern und nicht zu überfordern, die Inhalte den radiobezogenen Fähigkeiten der jeweiligen Altersgruppe anpassen.

---

[122] vgl. Hackl, Christiane 2005 S. 53

Wenn man die Vorschul- und die Schulkinder trennt, kann man sehen, wie auch in Tabelle 1 (Unterabschnitt 2.2.2), dass Kinder unter 6 Jahren zwischen Realität und Fiktion nicht trennen können. Bis zum 10. Lebensjahr wird die Unterscheidung zwar gefestigt, dennoch ist sie nicht sicher. Demnach sollte, zum Schutz der Kinder und um ihnen gegenüber ein Stück Verantwortung zu zeigen[123], Radio für Kinder werbefrei sein.

Ein weiteres Argument für Werbefreiheit wäre, dass im Hinblick auf Quote und Konsumgehalt der Zielgruppe kein qualitativ hochwertiges Programm produziert werden kann.[124]

Kinder ab dem 10. Lebensjahr verstehen inhaltliche und formale Dimensionen. Sie beurteilen Gehörtes anhand der Ästhetik (siehe auch Unterabschnitt 2.2.2).[125] Daher ist es wichtig, den Hörsinn frühzeitig zu schulen, ästhetisches Empfinden zu fördern und das Hören als sinnliche Erfahrung zu vermitteln.[126]

Neben diesen Rahmenbedingungen ergeben sich bezüglich des Programminhalts fünf weitere Kriterien, welche im Folgenden beschrieben werden.

5.2   Inhaltliche Kriterien

Die inhaltlichen Kriterien beziehen sich direkt auf die Programminhalte, was diese den Kindern bieten bzw. welchen Ansprüchen sie gerecht werden sollen. Diese bauen, anders als die formalen Kriterien, nicht aufeinander auf.

---

[123] vgl. Ttheunert 1995 S.99f
[124] vgl. Burmeister, Anke 1997 S. 57
[125] vgl. Theunert, Helga 1995 S. 60
[126] vgl. Burmeister, Anke 1997 S. 55

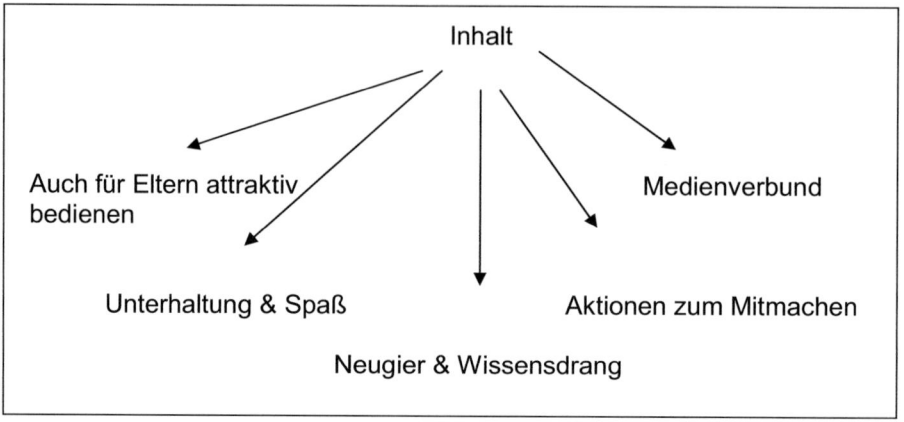

Inhalt

Auch für Eltern attraktiv bedienen

Medienverbund

Unterhaltung & Spaß

Aktionen zum Mitmachen

Neugier & Wissensdrang

Abbildung 9: Inhaltliche Kriterien

Ein wichtiges Kriterium ist, dass die Inhalte bzw. das gesamte Programm auch für die Eltern attraktiv ist bzw. deren Bedürfnissen entspricht. Denn nur durch die Eltern werden die Kinder dazu angeregt, das Radio überhaupt einzuschalten. Wie auch in Abschnitt 4.1 und Unterabschnitt 4.5.2 gezeigt wird, machen Eltern ihre Kinder auf ein für sie bestimmtes Programm meist erst aufmerksam. Auch kann Radio zur Entlastung der Eltern beitragen und rituelle Abläufe im Familienalltag unterstützen.[127] Und „bestimmt werden sich auch viele Erwachsene an diesen paradiesischen Hörort flüchten"[128], wenn dieser ihnen qualitativ hochwertig erscheint.

Im Abschnitt 4.2 ist zu sehen, dass bei Kindern das Motiv zum Radiohören der Spaßfaktor ist. 83% der 7- bis 14-Jährigen sehen das Radio als Unterhaltungsmedium, das Spaß macht und gute Laune bringt. Dieses Motiv sollte, aufgrund der Erwartungshaltung und der Motivation Hörfunk zu nutzen, auf jeden Fall bedient werden.

Ebenso wichtig ist der Wissen vermittelnde Teil. Kinder wollen mittels des Radios ihre Welt, die sie umgibt, erklärt bekommen. Dazu zählen nicht nur die meist unverständlichen Nachrichten, welche trotz ihrer kindlichen Aufbereitung meist unverstanden bleiben. Inhalte müssen differenziert erklärt werden, denn Kinder sollen nicht mit den erhaltenen Informationen allein gelassen werden. Wie in Abschnitt 4.2 zu sehen ist,

---

[127] vgl. Mikos, Lothar 2005 S. 74
[128] Funke, Cornelia 2002 S. 11

legen über 50% der befragten Kinder auf Wissensvermittlung via Radio Wert. Denn schließlich ist dieser Punkt auch einer der Hauptargumente für Eltern, ihren Kindern das Radio einzuschalten, wie im Unterabschnitt 4.5.2 zu sehen ist.

Kinder möchten jedoch nicht nur passiv rezipieren. Sie möchten hinter die Kulissen von Radio schauen und wissen, wie Radio gemacht wird. Sie wollen sich selber ins Radioprogramm einbringen – mitmachen. Daher muss Radio für Kinder greifbar sein und sich an deren Bedürfnisse anpassen: mittels Rate- und Gewinnspielen, Anrufaktionen, aber auch direkt per Übertragungswagen auf Veranstaltungen und Events. Denn Radio sollte präsent sein, somit mehr Interesse wecken, erlebbar sein und die kleinen Hörer selbst ins Programm mit einbeziehen. (siehe Punkt 4.2 und 4.4)

Auch muss sich Radio des Medienverbundes bedienen. Denn so bleibt es nicht nur als Klang im Kinderzimmer, sondern kann durch CDs, Bekleidung, Spielwaren, Schreibwaren, Poster und Aufkleber ins Kinderzimmer und ins Leben der Kinder Einzug halten.[129] Das Radio kann sich nur so in der Vielfalt der medialen Angebote, welche Kinder umgeben, bemerkbar machen. Somit wird ein Teil des Radios zum Anfassen und zum Mitnehmen für zu Hause geschaffen und die Bindung zum Radiosender gestärkt. Wichtig ist auch die Präsenz im Internet, wo Kinder ihr Radio „anschauen" können. Hörbares wird somit fassbar und bildlich. (siehe auch Punkt 4.5)

Es ist anzunehmen, dass in der Praxis nicht alle Kriterien gleichermaßen gut erfüllt werden können. Dennoch empfiehlt sich eine Einhaltung dieser Kriterien zur Wahrung der Programmvielfalt und -qualität.

---

[129] vgl. Breckner, Ingrid 1987 S. 62

6. Analyse – Erstes privates Kinderradio Deutschlands „Radio TEDDY"

Im folgenden Kapitel wird der erste private Kinderradiosender in Deutschland vorgestellt und unter Beachtung der im vorangegangenen Kapitel aufgestellten Kriterien bewertet.

Ein Radioprogramm speziell für Randgruppen, welche außerhalb des für die Mediaanalyse relevanten Altersintervalls von 14 bis 49 Jahren liegt, ist seitens der privaten Sender erheblich selten. Im Hörfunkbereich blieben die Angebote für Kinder beschränkt. Einzelne Programmteile für diese Altersgruppe im Sendegebiet der Bundesrepublik sind meist öffentlich-rechtlichen Ursprungs.[130] Umso erstaunlicher und überraschender war es, dass der erste deutsche Kinderradiosender nicht von öffentlich-rechtlicher Seite stammte. Zwar wurden innerhalb der ARD-Anstalten viele Aspekte aufgeführt warum Kinderradio öffentlich-rechtlichen Ursprungs wichtig sei, jedoch wurde dies erst 2006 und auch nur im Internet durch den Webchannel KIRAKA vom WDR verwirklicht (siehe 2.5.1). Radio TEDDY, das erste deutsche Hörfunkprogramm mit der Zielgruppe Kinder, hatte seinen terrestrischen Sendestart bereits im August 2005 in Berlin und dem Brandenburger Umland. Somit ist der Sender Vorreiter und erfüllt gleichzeitig den mehrfach geäußerten und gut begründeten Wunsch nach einem Kinderradio (siehe Unterabschnitt 4.5.3). Dennoch wird die Frage aufgeworfen, ob ein Kinderradio in privater Hand die gleichen Ziele, Funktionen und Bedingungen erfüllt, die die ARD-Anstalten an ein öffentlich-rechtliches Radio stellen, bzw. ob es überhaupt für Kinder geeignet ist.

6.1 Vorstellung des Radiosenders Radio TEDDY

Am 6.8.2005 nahm Radio TEDDY den Sendebetrieb auf. Er etablierte sich bereits im ersten Jahr, so dass er in der zweiten Mediaanalyse 2006 bei den Erwachsenen ab 14 Jahren in Berlin/Brandenburg mit einer Tagesreichweite von 1,5% noch vor ‚Kulturradio' (1,3%) und Radio ‚Multikulti' (0,5%) platziert wurde. In dieser Erhebung sind jedoch noch nicht die 3- bis 13-Jährigen – die Hauptzielgruppe von Radio TEDDY – enthalten. Dies lässt erahnen, dass die Tagesreichweite, wie auch die Hör-

---

[130] vgl. Heidtmann, Horst 2004 S. 1

dauer in Minuten und die Marktanteile im Gegensatz zu anderen Sendern, deren Hauptzielgruppe nicht unter 14 Jahren liegt, weit höher liegen als in der Media-analyse angegeben.

Das Programm von Radio TEDDY wurde im März 2006 von einer Sendezeit von 6 bis 21 Uhr auf ein 24-stündiges Programm erweitert, und auch die Einschaltquoten besonders bei jungen Zuhörern nahmen im letzten Jahr zu. Durch Mundpropaganda, Schulsamplings* und ein vielseitiges Marketingkonzept seitens Radio TEDDY (siehe Unterabschnitte 6.2.4 und 6.2.5) gelangte die neue Nachricht vom ersten Radiosender eigens für Kinder an die Ohren der Jungen und Mädchen.

Diese mussten nun nicht mehr ihre vereinzelten Sendungen auf den Erwachsenen-programmen suchen, sondern konnten fortan ein eigenes extra für sie zuge-schnittenes Programm rund um die Uhr auf einer Frequenz finden.

6.1.1 Warum Radio TEDDY?

Die Frequenzvergabe erfolgte durch den Medienrat Berlin-Brandenburg. Somit wurde die Hörfunkfrequenz 106,8 MHz zwischen Radio TEDDY und Motor FM bis März 2006 noch geteilt. Radio TEDDY sendete täglich von 6 bis 21 Uhr und Motor FM übernahm die übrige Zeit.

„Radio TEDDY plant ein Radio für Kinder. Hierin sah der Medienrat unter allen Anträgen den größten zu erwartenden Vielfaltsbeitrag. Mit der geplanten Zusammenarbeit mit dem Filmpark Babelsberg war eine größere wirtschaftliche Stabilität zu erwarten als noch bei den früheren Anträgen von Radio TEDDY. Allerdings hat der Medienrat diejenigen Zeiten anderweitig vergeben, zu denen nicht zu erwarten ist, dass Kinder Radio hören."[131] Radio TEDDY sei einzigartig in Deutschland, und aufgrund der Konkurrenzlosigkeit werde eine hohe Aufmerksamkeit und Verweildauer seitens Radio TEDDY erwartet. 3,1 Stunden werde Radio TEDDY im Durchschnitt gehört, wobei die Kinder entsprechend des Alters emotional an das Radio gebunden werden und somit eine frühe Konditionierung auf das Medium Radio erreicht wird.

---

* In Schulen stattfindende Maßnahme der Bekanntmachung bzw. Verkaufsförderung, bei der eine Warenprobe oder Werbematerial meist gratis durch Promoter übergeben wird.
[131] Pressemitteilung Medienrat Berlin-Brandenburg 08.10.2004

Radio TEDDY zeichnet sich nach eigenen Angaben einerseits aus durch[132]:

- hohe Glaubwürdigkeit des Senders,
- hohe Identifikation der Kinder mit den Moderatoren,
- riesige Begeisterung und Resonanz bei Spielen und Aktionen sowie
- lediglich 6 Minuten Werbung pro Stunde.

Andererseits bewirken:

- diese 6 Minuten eine höhere Exklusivität der einzelnen Werbespots und
- die Formatierung des Programms nach Altersgruppen eine direkte sowie selektierbare Zielgruppenansprache.

Radio TEDDY wirbt einerseits für seine Qualität bezüglich des Programms und um den Hörer, andererseits versucht es gleichzeitig den Sender den Werbetreibenden schmackhaft zu machen. Verständlich für einen privaten Sender, jedoch sollte ein Kinderradioprogramm, wie in Anschnitt 5.1 erwähnt, werbefrei sein.

6.1.2 Zielgruppe

Radio TEDDY gibt der werberelevanten Zielgruppe eine Hörerzielgruppe der bis 15-Jährigen an. Bei der Medienanstalt Berlin-Brandenburg sind die 3- bis 13- Jährigen als Zielgruppe festgehalten.[133] Jedoch ist zu bezweifeln, dass sich 15-jährige, pubertierende Teenager zu einem Kinderradio bekennen, den ebenso 3- bis 6-Jährige hören. Um ältere Kinder zum Hören von Radio TEDDY zu motivieren, ist es für den Sender wichtig, die Altersgruppe der 10- bis 13-Jährigen zu gewinnen und zu halten, so dass die Zielgruppe, zu mindest was ausgewählte altersspezifische Sendungen angeht, mit der Zeit erweitert werden kann.

Da sich Kinder, wie in Unterabschnitt 2.2.2 beschrieben, ab dem 10. Lebensjahr selbständig entwickeln und eigene Wege fern vom kindlichen Tun und von den Empfehlungen der Erwachsenen gehen, sich sogar von ihnen abgrenzen, ist es schwer für den Familiensender seine jungen Hörer zu halten, geschweige denn neue Hörer diesen Alters zu gewinnen.

---

[132] vgl. Radio TEDDY, Mediadaten, 2007
[133] www.mabb.de

6.1.3 Kinder als Entscheidungsträger

Die Zielgruppe der Kinder spielt eine wichtige Rolle bei Entscheidungen die Kaufkraft betreffend, sowohl auf die Familie, als auch auf den Eigenkonsum bezogen. Dies ist für ein privates Radio von großer Relevanz. Laut Radio TEDDY verfügen Kinder „über eine beträchtliche Kaufkraft und prägen Markenkonsum und Ausstattung ihrer Umgebung. Dabei ordnen sich die Erwachsenen vielfach den Wünschen der Kinder unter. Kinder entwickeln ein Markenbewusstsein bereits ab dem 3. Lebensjahr."[134] Somit ist sich Radio TEDDY seiner Einflussnahme auf das Konsumverhalten Erwachsener durch deren Kinder durchaus bewusst. Demzufolge sind Kinder von 6 bis 13 Jahren laut Statistiken der ‚KidsVerbraucherAnalyse 2006', von Radio TEDDY zur Veranschaulichung ausgewählt, mit 75% am einflussreichsten beim Besuch von Freizeitparks und mit durchschnittlich 37,5% bei der Wahl des Urlaubsortes. Im Jahr 2006 wurden zusätzliche Zahlen der ‚Familien Analyse / G + J' herangezogen. So wurde der Einfluss von Kindern mit 60% auf den Kauf der Wohnungseinrichtung und mit 50% auf den Kauf von Lebensmitteln nachgewiesen.[135]

Wie man den Mediadaten 2007 weiterhin entnehmen kann, ist sich Radio TEDDY ebenso bewusst, dass „die direkte Kaufkraft der Kids … oft unterschätzt" wird. Kinder seien mit einem eigenen „'Einkommen' aus Taschengeld, Geldgeschenken und Sparguthaben … ein bedeutender Wirtschaftsfaktor."[136]

Umso erschreckender ist es, wie offensiv Werbung in redaktionelle Programmteile integriert und wie selbstverständlich damit seitens des Senders umgegangen wird. (siehe Unterabschnitt 6.2.4)

6.1.4 Sendegebiet / Reichweite

Das sogenannte ‚Radio TEDDYland' erstreckte sich anfangs über den Großraum von Berlin und Brandenburg; auch im Kabelnetz von Neubrandenburg und Dresden sowie im Internet konnte der Sender empfangen werden. Seit August 2006 ist Radio TEDDY auch über Astra digital bundesweit zu empfangen. So erreicht der Kinder-

---

[134] Radio TEDDY, Mediadaten, 2007
[135] vgl. Radio TEDDY, Mediadaten, 2007
[136] Radio TEDDY, Mediadaten, 2007

und Familiensender eine noch größere Reichweite und somit auch Rezipientenzahl (siehe Abschnitt 6.3).

Die Zielgruppe, deren Kaufkraft und das Sendegebiet sind wichtige Faktoren für den privaten Radiosender, um durch Werbeeinnahmen den Betrieb gewährleisten zu können. Doch für die Rezipienten sind vorrangig die Inhalte und das Programm von Relevanz.

6.2   Inhalte / Programm

Um den Inhalt des Programms von Radio TEDDY bewerten zu können, wurde je eine Sendung des Programms, welches für Kinder bzw. Familien gedacht ist, also im Rezeptionszeitraum von 6 bis 20 Uhr, protokolliert und untersucht. Dabei wurden Werbe-, Wort- und Musikanteile der 18 Stunden Kinder- und Familienradio sowohl quantitativ als auch qualitativ bewertet.

Doch zuvor ist in folgender Tabelle eine Auflistung des Radio TEDDY Programms von Montag bis Freitag mit entsprechender Zielgruppe dargestellt:

Uhrzeit	Programm (Montag-Freitag)	Genre	Zielgruppe
06-07	Auf Aufsteh'n steh'n von 06-10 Die Radio TEDDY Guten-Morgen-Familie	Morgensendung	Familien (2-50 Jahre)
07-08			
08-09			
09-10			
10-11	Spielplatz Geschichten, Gags und Spielereien mit Toms Tam Tam	Geschichten und Spiele	Pre-Schoolkids (3-5 Jahre)
11-12			
12-13			
13-14	TEDDY Cool - Musik nach der Schule Garantiert elternfreie Zone am Nachmittag. Themen zwischen Bibi Blocksberg und Bravo; dazu der entsprechende Sound	Musik nach der Schule	Schoolkids/Pre-Teens/ Teenager (6 -14 Jahre)
14-15			
15-16			
16-17			
17-18			

18-19	Bärenhöhle	Einschlaf-	Pre-Schoolkids
19-20	Kleine Geschichten zum Hin- und Wegschlummern	geschichten	/Schoolkids (3-10 Jahre)
20-21	Elternabend - Familientalk		
21-22	Familientalk für Eltern, Omas und Opas und die, die es noch werden wollen	Talk	Eltern (25-50 Jahre)
ab 22 Uhr	Das Nachtprogramm mit vielen Überraschungen – nicht nur zum Schlummern.	Musik	
Am Wochenende zusätzlich			
Sa 10-14	Pop & Shop – Radio TEDDY zu Gast bei kinder- und familienfreundlichen Unternehmen	Live vor Ort	Familien (2-50 Jahre)
So 10-14	Reisepuzzle – Die Spielshow rund um den Familienurlaub	Quiz	Familien (5-50 Jahre)
So 6-10	SoMoQui – Das Sonntag-Morgen-Quiz: Wenn die Großen noch schlummern	Quiz	Schoolkids/Pre-Teens/Teenager (6-14 Jahre)

Tabelle 20: Tagesprogramm des Familiensenders Radio TEDDY 2006

Quelle: vgl. Radio TEDDY Mediadaten 2007

Den formalen Kriterien, eine feste und regelmäßige Programmstruktur und ein altersspezifisches Angebot zu entsprechenden Sendezeiten anzubieten, wird Radio TEDDY gerecht. Dies zeigt sich nicht nur am Wort und an der Werbung, sondern auch im Bereich der Musik, wie in den nächsten Unterabschnitten zu sehen ist. Die Kinder werden je nach Altersgruppe, nach ihren Bedürfnissen und gemäß ihrem Tagesablauf vom Aufstehen bis zum Schlafengehen individuell durch entsprechendes Programm betreut und ernst genommen.

So bietet Radio TEDDY morgens einen „Start für die ganze Familie mit Information, Musik und Spaß, vormittags Geschichten und Spiele für die Kleinsten, nachmittags Information, Spiele und Action rund um den Schulalltag – elternfreie Zone[, am] frühe[n] Abend [verkürzen] kleine Geschichten und sanfte Musik … das Warten auf das Sandmännchen und in den Abendstunden: finden Eltern und Erwachsene ihr ganz spezielles Radioforum"[137].

Doch angesichts des für Kinder frühen Sendeschlusses um 20 Uhr ist nicht davon auszugehen, dass die Altersgruppe der 10- bis 13-Jährigen, welche ebenso in die Hauptzielgruppe zählen, schon ins Bett gehen und schlafen. Sie möchten von ihrem Sender weiterhin unterhalten werden. Wie auch beim KI.KA, der Kinder zwar nach dem Sandmann um 19 Uhr, wo die höchste Quote erreicht ist, zum Abschalten motiviert[138], mittlerweile jedoch bis 21 Uhr zu sehen ist[139], sollte der Sendebetrieb bei Radio TEDDY für die junge Zielgruppe auch im kommerziellen Sinne bis 21 Uhr erweitert werden. Denn Radiogeräte sind fast ebenso häufig in Kinderzimmern vorhanden wie Fernsehgeräte (siehe Abschnitt 3.1), jedoch wird Radio als Einschlafhilfe häufiger geduldet als das Fernsehen. Somit hat das Radio sehr gute Möglichkeiten die Kinder ins Bett und in den Schlaf zu begleiten und evtl. den Kampf mit aufgezeichneten Hörspielen aufzunehmen.

Kinder sollten nicht frühzeitig mit Themen für Erwachsene konfrontiert werden bzw. zuhören, wie Eltern über Kindererziehung urteilen und diskutieren. Daher ist es ratsam, das Abendprogramm der Erwachsenen auf 21 Uhr zu verschieben. Die leicht verständliche und euphorisierte Sprache, welche das Programm den ganzen Tag durchweg begleitet, wird mit den 20 Uhr-Nachrichten gemeinsam mit den Kindern verabschiedet. Es ist nicht einfach, Themen wie „Geburt, Vorbereitung, Erstlings-versorgung etc." (8.11.2006), „Gewaltprävention/Fenster der Gewalt" (16.11.2006), „Verbot von Killerspielen" (24.11.2006) oder auch „Obdachlosenweihnacht" (28.11.2006) für Erwachsene inhaltlich interessant aufzubauen und trotzdem kinderfreundlich aufzubereiten. So besteht die Gefahr, dass Kinder durch diese The-men zur Schlafenszeit überfordert und geängstigt werden, oder auch ein Ausschalten des Radios aufgrund von Langeweile und Missverständnis hervorgerufen wird. Auch könnten Eltern das Radiohören aufgrund von nicht kindgerechten Inhalten ab einer bestimmten Uhrzeit ihren Kindern verbieten. Dies ist womöglich nicht im Sinne des Senders.

---

[137] Radio TEDDY (www.radioTEDDY.de)
[138] Vgl. Beckmann, Frank 2005 S. 14
[139] vgl. KI.KA (http://www.kika.de/kika/empfang/satellit/index.shtml)

In der folgenden Tabelle sind die protokollierten Sendungen aufgelistet. Diese wurden stichprobenartig, an einem beliebigen Tag ausgewählt und sollen repräsentativ für das Tagesprogramm von Radio TEDDY stehen. Ausführliche Mitschriften der Radiosendungen sind im Anhang zu finden.

Sendung	Datum	Uhrzeit	Moderation
Auf Aufsteh'n steh'n von 6 bis 10	06.11.2006	6-10 Uhr	Roland
Spielplatz	10.11.2006	10-13 Uhr	Eddy & Freddy
TEDDY Cool	16.11.2006	13-18 Uhr	Karina und Christian
Bärenhöhle	08.11.2006	18-20 Uhr	Madames Tam Tam
Reisepuzzle	05.11.2006	10-14 Uhr	Doro

Tabelle 21: Ausgewählte Sendungen von Radio TEDDY

Um die Anteile einzelner Programmelemente aufzuzeigen, wurde in folgender Grafik eine Beispielstunde abgebildet.

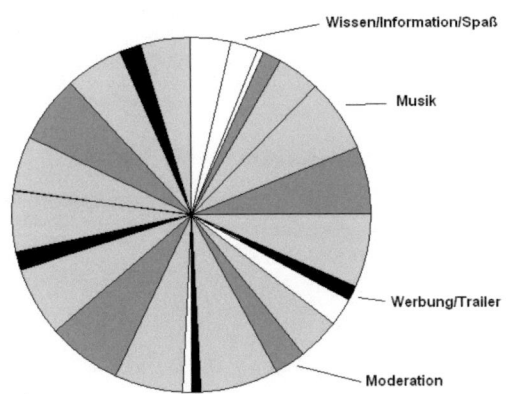

Abbildung 10: Sendeablauf in Uhrform, Radio TEDDY, 5.11.2006, 11-12 Uhr

Gleiche Programmelemente sind farblich gleich gekennzeichnet. Dabei ist zu erkennen, dass Werbung inklusive Eigenwerbung mit 3 Minuten und 41 Sekunden den geringsten Teil einnimmt. Wissen vermittelnder Content, Informations- und

Spaßelemente nehmen ein Zehntel der Stunde ein. Musik nimmt wie bei privaten Anbietern erwartet[140] den Hauptteil mit knapp 61% ein. Für Moderation einschließlich redaktionellen Inhalten verbleiben gut 23%. Somit liegt der Wortanteil nicht wie erwartet zwischen 30 und 60%, ist jedoch im Vergleich zu anderen privaten Sendern relativ hoch (siehe Unterabschnitt 6.2.3)

Im Folgenden wird auf die einzelnen Programmelemente Wort, unterteilt in Nachrichten, Comedy und Moderation, Hörspiele bzw. Geschichten, Musik und Werbung ausführlicher eingegangen.

6.2.1 Wortbeiträge

„Für die privaten Veranstalter ist Wort außer Musik und Werbung alles."[141] Das bedeutet, dass die Hörer durch die Qualität des Wortanteils an den Sender gebunden werden. „Im Angebot spielt der Wortanteil lediglich die Rolle eines Begleitprogramms zum Musikteppich. Die Unterhaltung besteht aus Spielen, deren Teilstücke selten über die 90-Sekunden-Marke hinausgehen. Die Service-Informationen beschränken sich auf Zeit, Wetter und Verkehr."[142] Dies verspricht keinen qualitativ hochwertigen Wortanteil. Von Radio TEDDY selbst wird der hohe Wortanteil bemängelt, im Widerspruch zu den Erwartungen der Hörer, welche den Wortanteil sehr schätzen. Ein Grund hierfür sind die Kosten für den Sender für z.B. Fremdproduktionen wie „Voll ablachen um halb" und besonders das Vorlesen von urheberrechtlich geschützten Geschichten.

Wichtig ist es, darauf zu achten, dass für jedes Alter passende Inhalte im Programm enthalten sind. Folgende Auflistung zeigt die Vorlieben der entsprechenden Altersgruppen:

---

[140] vgl. Meyn, Herrmann 2004 S. 171
[141] Wichert, Lothar 2005a S. 11
[142] vgl. Meyn, Herrmann 2004 S. 172

Altersgruppe	Vorlieben
3-5 Jahre	Spiele für den Hörsinn, Magazinprogramme zu Umwelt- und Alltagsthemen oder Sachgeschichten → Kreativität
6-10 Jahre	Musik, Hörspiele Comedy, Beiträge, Features und Nachrichten
10-13 Jahre	Bereits längere Beiträge … erhöhte Konzentration & komplexe Informationen → nicht nur Popmusik und Radiosoaps oder Gewinnspiele

Tabelle 22: Vorlieben von Radioinhalten nach Altersgruppen
Quelle: vgl. Heidtmann, Horst 2004 S. 4f

Radio TEDDY bietet ein ausgeglichenes Programm, mit informativen Elementen, wie Nachrichten und Nachgefragt-Nachgehakt, Comedy, Geschichten und Moderation.

Geschichten werden gesondert im Unterabschnitt 6.2.2 mit den Hörspielen in Zusammenhang gebracht, da sie einen wichtiger Punkt in der Struktur des Programms sind.

6.2.1.1 Nachrichten

Die Nachrichten dienen im Allgemeinen der Informationslieferung. Für Kinder nehmen sie die wichtige Funktion der Befriedigung der Neugier und des Wissensdrangs ein. „Die Interessen der Kinder für gesellschaftliches, politisches und weltliches Geschehen [werden] geweckt und gefördert. [Nachrichten können] sie motivieren, sich mit der Realität auseinanderzusetzen und eigene Positionen zu Geschehnissen zu finden."[143] Kindernachrichten sollten demnach „in größerem Umfang, regelmäßig, am besten … mehrmals täglich"[144] gesendet werden. Jedoch reichen kurze Sätze bzw. die zwei Minuten im gewohnten Radionachrichtenstil selten um fünf Nachrichteninhalte für Kinder verständlich aufzubereiten. Diese setzten meist ein bestimmtes Hintergrundwissen voraus um verstanden zu werden. Demnach brauchen Kinder ausführlichere Nachrichten, die gegebenenfalls den Sachverhalt oder unbekanntes Vokabular näher erklären.

---

[143] Theunert, Helga u.a. 1995 S. 137
[144] Theunert, Helga u.a. 1995 S. 138

Die hoch angesetzten Maßstäbe für Kinderradio beinhalten hierbei die Konzentration auf relevante Ereignisse. Deren Hintergrund sollte verständlich erläutert werden. Ebenso ist es wichtig, zu verdeutlichen, was die Geschehnisse mit den Kindern zu tun haben, und welche Rolle sie dabei spielen können. Hierbei sollen vor allem Themen aufgegriffen werden, die sich nah an der kindlichen Lebenswelt orientieren. Auch grausame Nachrichten der Wirklichkeit sollen Kindern beigebracht werden, jedoch sorgfältig, verantwortungsbewusst und in einem ihnen angemessenen Sprachstil.[145]

Denn Kinder beginnen „ab Mitte des Grundschulalters, Tagesereignisse hierzulande und anderswo zu realisieren, sie beschäftigen sich mit dem, was sie hören. … Vieles jedoch irritiert sie und manches ängstigt sie auch. Entsprechend groß ist ihr Bedarf an Erklärungen."[146] Denn nur „Kindernachrichten, die nahes und fernes Welt-geschehen mit seinen Hintergründen anschaulich erklären, befriedigen das Informa-tionsbedürfnis der Kinder."[147]

Im Gegensatz zu anderen Radioprogrammen, deren Zielgruppe die Erwachsenen sind, ist der Anspruch an Radio TEDDY nicht der allgemeingültige nach Musik und Nachrichten[148]. Auch der hohen Priorität des Nutzers nach politischen und gesell-schaftlichen Themen muss es nicht in dem Sinne gerecht werden. Die Zielgruppe der 0- bis 15-Jährigen bzw. der 3- bis 13-Jährigen hat ihre eigenen Erwartungen an Nachrichten[149], daher sind spezifische Nachrichtenthemen bzw. deren kindgerechte Aufbereitung von Relevanz. Wichtig ist vor allem für die jungen Hörer, dass die Erklärung der Nachrichten lückenlos und verständlich ist, kein Vorwissen bedarf und sich nicht komplizierter Fachbegriffe bedient.[150] Das bedeutet nicht, dass Kindernachrichten für Erwachsene uninteressant und banal sind, „viele schätzen die einleuchtenden Erklärungen, die hier gegeben werden, genauso wie Kinder."[151]

Im Rahmen dieser Arbeit wurden die Nachrichten von Radio TEDDY am 5., 6., 8., 10. und 16.11. in jeweils bestimmten Altersgruppen entsprechenden Sendungen von 6 bis 19 Uhr protokolliert und ausgewertet (Tabelle siehe Anhang).

---

[145] vgl. Theunert, Helga u.a. 1995 S. 137f
[146] Theunert, Helga u.a. 1995 S. 135f
[147] Theunert, Helga u.a. 1995 S. 136
[148] vgl. Wichert, Lothar 2005a S. 60
[149] vgl. Theunert, Helga u.a. 1995 S. 136
[150] vgl. Aufenanger/Mertens/Nold 2006 S. 51
[151] Theunert, Helga u.a. 1995 S. 138

Im Programm von Radio TEDDY sind Nachrichten zu jeder vollen Stunde eingebunden. In der Morgensendung ‚Auf Aufsteh'n steh'n' gibt es zwischendurch um halb
jeweils einen kurzen Nachrichtenüberblick, welcher auf die Hauptnachrichten
hinweist und für den Start in den Tag zusätzlich informiert. Ein Nachrichtenblock
nimmt eine Zeit von durchschnittlich 2 Minuten und 13 Sekunden in Anspruch,
Kurznachrichten im Durchschnitt 23,5 Sekunden.

In den einzelnen Nachrichtenblöcken ist ein Schema von fünf Meldungen pro
Nachrichtenblock zu erkennen. Die 117 Nachrichten wurden nach drei unterschiedlichen Gesichtspunkten – Herkunft, Thema/Interesse und entsprechende
Altersgruppe – gruppiert und jeweils in Kategorien unterteilt. Folgende Tabelle liefert
einen ersten Überblick über die einzelnen Meldungen.

Herkunft	N	Interesse/Bezug	N	Altersgruppen (AG)	N
regional	34	Tiermeldungen	23	1. AG (3-6 Jahre)	28
national	39	Meldungen mit kindlichem Bezug	28	2. AG (6-10 Jahre)	54
international	44	Meldungen ohne kindlichem Bezug	10	3. AG(10-13 Jahre)	35
		Politik/Wirtschaft/Aktuelles	56		

Tabelle 23: Überblick der Nachrichtenmeldungen von Radio TEDDY (N = Anzahl der
Nachrichten)

a.)   Herkunft der Nachrichten

Als erstes wurde untersucht, welcher Herkunft die Nachrichten sind. Dabei wurde in
die Kategorien *regional* - Nachrichten mit direktem Bezug auf Berlin/Brandenburg,
national - Nachrichten mit Bezug auf einen Teil Deutschlands oder das gesamte
Bundesgebiet, und *international* - Nachrichten aus aller Welt, unterteilt.

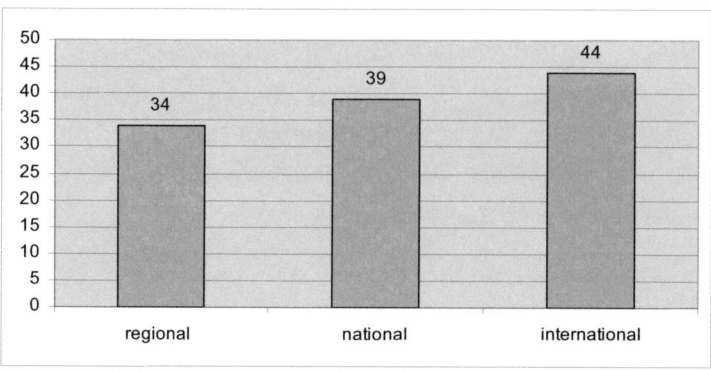

Abbildung 11: Herkunft der Nachrichtenmeldungen von Radio TEDDY in absoluten Zahlen (n=117)

Die erste Meldung ist meist eine aus der Region, um den Hörer mit Neuigkeiten aus seiner direkten Umwelt zu gewinnen. Darauf folgen nationale und internationale, welche Weltwissen an ältere Kinder, aber vor allem an die Eltern vermitteln wollen. Den Abschluss bildet meist eine skurrile, bunte Nachricht über Popstars, Tiere oder ausgefallene und sonderbare Begebenheiten, welche sowohl regionaler, nationaler als auch internationaler Herkunft sein können. Somit wird besonders der junge Hörer mit der letzten Meldung wieder aufgefangen und in das weitere Programm begleitet.

Anhand der Abbildung 11 ist zu erkennen, dass die internationalen Nachrichten überwiegen. Regionale Nachrichten aus Berlin und Brandenburg, welche das direkte Lebensumfeld von den Kindern betreffen, sind mit 10 Nachrichten weniger, also um 8,5% geringer vertreten, als internationale Nachrichten.

b.)   Thema / Inhalt

Die einzelnen Meldungen können nicht nur nach ihrer Herkunft, sondern auch nach ihrem thematischen Bezug oder Inhalt unterschieden werden. Beispielsweise wurden die 117 protokollierten Meldungen von Radio TEDDY in die Sparten Tiernachrichten, Buntes (besonderes Interesse für Kinder, z.B. News über Stars wie Tokio Hotel oder die Pisa-Studie), Neutrales (Meldungen, welche für Kinder von geringer Relevanz/ohne direkten Bezug sind, z.B. Bahnverspätung, Lottogewinn oder Übergewicht bei Erwachsenen) und Politik/Wirtschaft/Aktuelles unterteilt.

Es stellt sich anhand folgender Abbildung heraus, dass die Nachrichten mit 47% thematisch Politik/Wirtschaft/Aktuelles umfassen und somit mit den für Kinder neutralen Themen bis zu 56% hauptsächlich an ältere Kinder bzw. Erwachsene gerichtet sind.

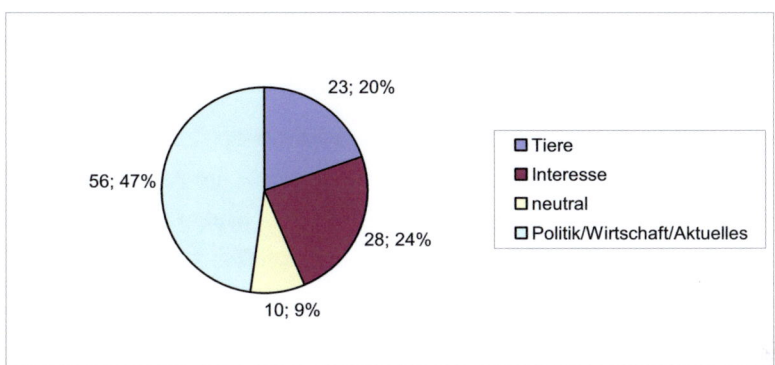

Abbildung 12: Thematischer Inhalt der Nachrichtenmeldungen von Radio TEDDY in absoluten Zahlen und Prozent (n=117)

Lediglich 44% der Nachrichten – Tiermeldungen und Meldungen mit direktem Bezug auf Kinder – sind demnach von hohem kindlichen Interesse. Das könnte dazu führen, dass Kinder die Nachrichten als langweilig und uninteressant empfinden. Dennoch zeigt die letzte Grafik, dass der Sender über eine ausgewogene Nachrichtenvielfalt verfügt, welche den Eltern das Gefühl vermittelt, trotz des kindlichen Bezugs gut und ausreichend informiert zu sein. Somit ist zu sehen, dass seitens des Senders, welcher die gesamte Familie ansprechen will, die Qualitätskriterien für journalistische Sendungen – Vielfalt, Relevanz, Akzeptanz und Aktualität – eingehalten werden. Erwachsene werden eher bei diesem Radiosender verweilen. Somit zeigt sich die Qualität einer Sendung im Nutzwert.[152]

Jedoch sollte nicht nur nach Interesse und Themenbezug unterschieden werden. Wichtig ist außerdem, Nachrichten dem Verständnis der Zielgruppe anzupassen.

---

[152] vgl. Mikos, Lothar 2005 S. 73

c.) Altersgruppe

Zwar müssen die Eltern das Gefühl haben, gut informiert zu sein, dennoch möchten auch die Kinder ernst genommen werden und die Nachrichten für sich verständlich aufbereitet wissen. Anhand der Tabelle „Entwicklungsverlauf in Bezug auf Radio" im Unterabschnitt 2.2.2 wurden die Nachrichten dem Verständnis der Kinder nach in die 3 relevanten Altersgruppen (AG) unterteilt. Die Altersgruppen bewegen sich in den Intervallen 3 bis 6 Jahre, 6 bis 10 Jahre und 10 bis 13 Jahre.

Dabei wurde besonders darauf geachtet, dass ein direkter Bezug zur Lebenswelt der Kinder besteht. Kinder müssen, um Interesse zu entwickeln, ihr Alltagsleben bzw. sich selbst in den Nachrichten wiederfinden. Doch gerade hierbei herrscht bei der Aufbereitung der Themen wenig Spielraum aufgrund der großen Altersspanne der 3- bis 13-jährigen Zuhörer.[153]

Somit wird davon ausgegangen, dass 3- bis 6-jährige Kinder mit der Meldung über den Weihnachtmann etwas anfangen können (Meldung der AG 1), jedoch noch nicht wissen, wer Britney Spears oder Robbie Williams sind (Meldung der AG 2). Des Weiteren können 6- bis 10-Jährige durchaus nachvollziehen, was bei einem Stromausfall (Meldung der AG 2) passiert. Der Weltklimagipfel in Nairobi (Meldung der AG 3) wird jedoch erst für 10- bis 13-Jährige interessant und von ihnen verstanden.

Folgende Grafiken veranschaulichen die einzelnen Meldungen unterteilt in die bereits beschriebenen drei Altersgruppen.

---

[153] vgl. Aufenanger/Mertens/Nold 2006 S. 51ff

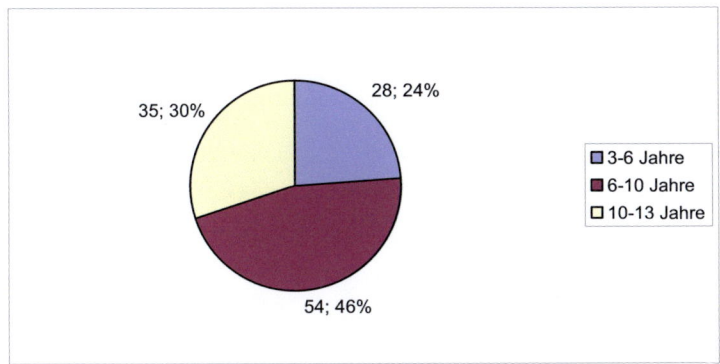

Abbildung 13: Zielgruppe der Nachrichtenmeldungen von Radio TEDDY in absoluten Zahlen und Prozent (n=117)

Hierbei ist auffällig, dass für die jüngsten Hörer von 3 bis 6 Jahren die wenigsten Nachrichten von Interesse sind. Inhaltlich nehmen diese lediglich Tiermeldungen bzw. Meldungen über Dinge wahr, die unmittelbar mit ihnen zu tun haben.

Für die mittlere Altersgruppe werden 46% der Nachrichten angeboten. Das bedeutet, dass insgesamt 70% der Meldungen bei Radio TEDDY von den 6- bis 10-Jährigen verstanden werden. Somit entfallen lediglich 30% der Meldungen auf die ältere Zielgruppe der 10- bis 13-Jährigen. Bei den 117 Meldungen war keine Meldung dabei, welche für Kinder vollkommen unverständlich sei. Zwar ist nachgewiesen, dass Inhalte nicht immer eindeutig erfasst werden[154], jedoch ist die Thematik verständlich.

Radio TEDDY achtet darauf, keine ,Bild'-Zeitungssprache zu nutzen. Es wird keine Fäkalsprache verwendet und es werden keine gefährdenden oder ängstigenden Dinge erzählt. Stattdessen nutzt man Euphemismen, so dass beispielsweise aus Toten Opfer werden, um Kindern auf den verschiedenen Themengebieten, an Erwachsenennachrichten angelehnt, die Meldungen näher zu bringen. Zu viele Fakten verwirren, daher nutzt Radio TEDDY kurze Sätze ohne Fremdwörter. Auch müss die Entfernungsrelation von beispielsweise Kriegsgebieten in kindlicher Sicht Beachtung finden. Zur Veranschaulichung werden Flug- oder Autostunden als Entfernungsmesser genutzt.

---

[154] vgl. Aufenanger/Mertens/Nold 2006 S. 52f

Zusammenfassend ist zu sagen, dass die Nachrichten sowohl die Kinder als auch deren Eltern ansprechen und angemessen informieren. Sie sind vielfältig in ihrer Themenwahl und entsprechen den Qualitätskriterien für journalistische Sendungen.

Um Nachrichteninhalte für junge Hörer noch verständlicher zu vermitteln, bietet Radio TEDDY ein weiteres informierendes Element, welches nicht nur Kindern Hintergrundinformationen zu schwer verständlichen sowie kuriosen Meldungen bietet.

6.2.1.2 Nachgefragt-Nachgehakt

Da die Nachrichten mehr informativen als erklärenden Charakter besitzen und der Inhalt der Meldungen nicht vollkommen von der Mehrheit der Kinder erfasst wird, wie in Unterabschnitt 6.2.1.1 erwähnt wurde, bietet die Redaktion von Radio TEDDY ein Programmelement, welches jeweils eine Meldung der Nachrichten näher erläutert. Stündlich wird von 6 bis 18 Uhr dieser, im Durchschnitt eine Minute und 39 Sekunden lange Beitrag, 20 Minuten nach der vollen Stunde gesendet. Der feste Programmplatz, 20 Minuten nach den Nachrichten, von denen eine aktuelle, interessante Meldung ausgewählt und kindgerecht erläutert wird, bewirkt eine Wiedererkennung des soeben Gehörten. Das Thema der Meldung ist hierbei meist eine Nachricht, welche nicht zwangsläufig direkten Bezug zur kindlichen Lebenswelt hat. In den untersuchten Sendungen wurden vermehrt Tiernachrichten aufgegriffen, um in Nachgefragt-Nachgehakt deren Hintergründe zu erläutern. Eine Meldung, welche interessant scheint, wird demnach mit kindlichem Auge betrachtet und hinterfragt.

In einem Kinderradio sollte jedoch nicht nur die Schwere der Nachrichten den Wortanteil bestimmen. Ebenso wichtig ist die Vermittlung von guter Laune durch Comedy-Elemente und Moderation.

6.2.1.3 Comedy

„Voll ablachen um halb" wollte der Geschäftsführer Uwe Schneider von Radio TEDDY und baute nicht nur aufgrund des Wortspiels dieses Comedy-Element ein, welches täglich von 6:30 bis 17:30 Uhr gesendet wird und pünktlich um halb zum Lachen einlädt. Denn schließlich sind „Lieblingshörfunksendungen der meisten

Kinder ... Comedy-Formate"[155]. Im Durchschnitt ist dieses Comedy-Element 56,5 Sekunden lang und bestehet aus einem für Kinder verständlichem, teils banalem Witz oder einem Wortschnipselgefüge von Prominenten. Die Produktion erfolgt außer Haus, um die Kosten zu reduzieren. Eben solches Wortspiel wie bei „Voll ablachen um halb" nutzt Radio TEDDY für den Werbejingle - Intro und Outro. „Komm Mercel – com-mercial" ist das Wortspiel, welches leider selbst von den meisten Erwachsenen nicht verstanden wird.

Demnach stellt sich hier die Frage, ob man Comedy-Elemente und Witze, die im Programm versteckt sind, nicht so gestalten und anpassen sollte, dass sie auch von der Mehrzahl der Hörer, hier vor allem den Kindern, verstanden werden.

6.2.1.4 Moderation

Die Moderation ist ein sehr zentrales Element, welches großen Einfluss auf die Entscheidung des Hörers hat, diesen Sender einzuschalten. Denn wenn „Moderatoren den ‚richtigen Ton'" treffen, werden sie der „jeweilige[n] Zielgruppe sympathisch sein und bei ihnen ‚ankommen'"[156]. Dabei sollte die Anzahl der Moderatoren überschaubar bleiben.[157]

Bei Radio TEDDY sitzt überwiegend ein erwachsener Moderator hinter dem Mikrofon. Dabei ist das Geschlechterverhältnis meist gemixt bzw. ausgeglichen. Anhand der ausgewählten Sendungen, siehe Tabelle 21 im Abschnitt 6.2, lässt sich dies erkennen. Die Morgensendung ist an die ganze Familie gerichtet, somit versucht das gesamte Radio TEDDY Team mit einem Hauptmoderator als Morgenfamilie zu moderieren. Der Spielplatz wurde von Eddi & Freddy, zwei Kinderfiguren in Drachenform, moderiert. Jedoch ist dies eine Ausnahme. In der Regel liest Tom Tom in dieser Zeit Geschichten vor. Nachmittags moderieren zwei Moderatoren die Sendung. Am Abend wird es wieder ruhiger, wenn ein Moderator Geschichten in der Bärenhöhle vorliest.

Wichtig ist vor allem informationshaltige Moderation und, dass ein breites Spektrum an Stimmungen abgedeckt wird. Die Moderation sollte schrill sein, witzig, schräg,

---

[155] Bergmann, Susanne; Maatje, Christian; Schill, Wolfgang u.a 2002 S. 16
[156] Mikos, Lothar 2005 S. 73
[157] vgl. Wegener, Matthias 1996

aber auch spannend, verträumt und poetisch.[158] Radio TEDDY legte vor allem Wert darauf, ohne erhobenen Zeigefinger an das Interesse zu appellieren. Die Kinder sollen selbst entscheiden, ob Radio TEDDY als Nebenbeimedium oder zum genauen Hinhören genutzt werde. Es würde keine Fäkalsprache, nichts Gefährdendes oder Angstmachendes seitens der Moderatoren und Sprecher geäußert. Wichtig sei die Moderation für die Imagebildung. Das Verhältnis von Musik und Wort spielt dabei eine große Rolle. Dem Hörer müsse das Gefühl vermittelt werden, nicht allein zu sein. Er müsse merken, dass der Moderator mit Spaß dabei ist und ihm ein gutes Gefühl vermittelt. Dabei sei der Inhalt nicht so wichtig wie das Gefühl. Sobald der Hörer das Gefühl entwickelt, dass das Radio nervt, würde er zu Tonträgern greifen.

Dem Hörer das Gefühl zu geben, nicht allein zu sein, wird als ein wichtiges Argument gesehen. Dennoch sind die Inhalte der Moderation nicht zu unterschätzen. Sie sind vielleicht für die momentane Hörerbindung besonders beim Radio als Nebenbeimedium nicht relevant, umso wichtiger sind sie jedoch beim genauen Hinhören und zur Akzeptanz bei Erwachsenen, speziell den Erziehungsberechtigten und Pädagogen.

Daher sollten die redaktionellen Inhalte fundierte Informationen enthalten. Wichtig ist hierbei beispielsweise das Hinzuziehen von Expertenmeinungen zu einem bestimmten Thema, welches sich durch die Sendung zieht. In den ausgewählten Sendungen von 6 bis 18 Uhr wurden insgesamt 4 Expertenmeinungen und – interviews gezählt, davon jeweils 2 in der Morgensendung und 2 am Nachmittag bei TEDDY Cool. Jedoch sollte bei TEDDY Cool ebenso wie bei Pop & Shop oder beim Reisepuzzle am Wochenende, darauf geachtet werden, dass sich redaktionelle Inhalte nicht mit werbenden Inhalten vermischen (siehe Unterabschnitt 6.2.4).

Hervorzuheben sind u.a. feste Thementage im Programm von Radio TEDDY. Montags wurde beispielsweise in TEDDY Cool in Zusammenarbeit mit der Erna-Graff-Stiftung über Tierschutz gesprochen. Dienstags waren die ‚Computerjungs' bei TEDDY Cool und freitags sendeten die Zooreporter. Wöchentlich hatten Kinder die Möglichkeit selbst aktiv als Reporter Politiker, Prominente oder Experten zu interviewen.

---

[158] vgl. Wegener, Matthias 1996

6.2.1.5 Call-ins, Mails und Mitmachaktionen

Die Chance, sich selbst am Programm aktiv zu beteiligen, integriert zu sein und ernst genommen zu werden, ist für Kinder besonders wichtig. Ebenso sind Mitmachaktionen wie Quiz- & Talk-Sendungen mit steigendem Alter bei Kindern sehr beliebt. „Ab dem Grundschulalter können Kinder sich auf bestimmte Themenfragen konzentrieren … [und] haben Spaß an Wettbewerben."[159]

Radio TEDDY unterstützt diese Vorliebe fürs Rätselraten und bietet den Kindern mehrfach Möglichkeiten in Quizsendungen aktiv zu werden, beispielsweise beim Sonntag-Morgen-Quiz, beim Reisepuzzle oder auch in der Morgensendung.

Jedoch bleibt hier die Chance aus, sich mit Gleichaltrigen auszutauschen und ins Gespräch zu kommen. Es wird davon ausgegangen, dass die Hörerbindung bei Radio TEDDY hauptsächlich durch „Anruf- und Mitmachsendungen sowie durch Gewinnspiele"[160] erfolgt – typisch für ein Privatradio. Der Zuspruch der jungen Radiohörer ist groß.

Als kritisch wird hier die hohe Anzahl der Anrufe im ‚Spielplatz' gesehen. Die Zielgruppe der 3- bis 5-Jährigen wurde im Laufe der Sendung mehrfach dazu aufgefordert anzurufen. Jedoch können Kinder unter 6 Jahren in der Regel noch nicht die Zahlen auf dem Telefon lesen. Außerdem unterliegt das Telefon meist einer ähnlichen Reglementierung durch die Eltern wie das Internet. Somit dürfen Kinder im Regelfall nicht ohne Wissen der Eltern telefonieren.[161] Ein anderer zu bedenkender Fall sind Handys, mittlerweile bereits im Besitz von Grundschulkindern, wobei die Eltern bis auf die Kostenregulierung meist keinerlei Einfluss mehr auf das Telefonverhalten ihrer Kinder haben. Noch hinzu kommen die hohen Preise der Telefonate. Zwar bot Radio TEDDY 2007 einen Pauschalpreis von 14 Cent* pro Anruf an, jedoch lohnt sich dieser meist erst ab einem längeren Gespräch von 10 bis 15 Minuten. Anrufe im Rahmen von Gewinnspielen kosten sogar 49 Cent pro Anruf. Radio TEDDY argumentiert, dass ein Anruf mit Gewinnchance ähnlich teuer sei wie eine Briefmarke für eine Postkarte. Den Kindern wird durch das Aufkleben einer

---

[159] vgl. Theunert 1995 S146ff
[160] vgl. Meyn, Herrmann 2004 S. 171
[161] vgl. Wegener, Matthias 1996
* Durch die Mehrwertsteuererhöhung 2007 wurde der Preis pro Anruf von 12 auf 14 Cent zum 1.1.07 angehoben.

Marke jedoch bewusst, dass diese Karte Geld kostet. Die Höhe der Kosten des jeweiligen Anrufes wird dem Kind selbst bei Ansage des Preises hingegen meist nicht bewusst.

Anhand der ausgewählten Sendungen in Tabelle 21 im Abschnitt 6.2 wurden die Anrufe, die letztendlich auch in die Sendung eingebunden wurden, und die Aufforderungen zum Anrufen ausgewertet. Demnach ergaben sich folgende Werte:

Uhrzeit (Angabe bezieht sich auf die gesamte Stunde)	6	7	8	9	10	11	12	13	14	15	16	17
Anrufe	2	5	1	1	2	3	2	0	1	2	2	3
Motivation	4	1	1	1	3	2	3	0	1	1	2	3

Tabelle 24: Motivation und Telefonaktivität von 6 bis 18 Uhr an ausgewählten Tagen

Hierbei ist zu erkennen, dass die Moderatoren mindestens einmal pro Stunde darum bemüht sind, Kinder zum Anrufen zu motivieren. Diese kommen der Aufforderung auch gern nach. Besonders in der Sendung TEDDY Cool ist die Resonanz, wie in der vorangegangenen Tabelle zu sehen ist, relativ hoch.

Doch nicht nur per Telefon beteiligen sich die Hörer von Radio TEDDY. Auch bei der Kommunikation per E-Mail ist die Resonanz sehr hoch.

Dass Kinder den Kontakt zu ,ihrem' Sender suchen, steht somit fest. Jedoch ist zu überlegen, ob die Konditionen der Kontaktaufnahme kindgerechter und eltern-freundlicher gestaltet werden könne. Zumindest sollte man Anrufaufforderungen bei Sendungen für die jüngere Zielgruppe der 3- bis 5-Jährigen unterbinden, bzw. die Größeren auch dazu ermuntern, eine kostenlose E-Mail zu schreiben oder ihnen eine kostenlose Rufnummer anbieten.

6.2.2 Hörspiele vs. Geschichten

Bisher wurde auf Hörspiele im Programm von Radio TEDDY grundsätzlich verzichtet. Ein Grund hierfür ist die aufwendige Produktion durch das Sprechen mit verteilten Rollen und die entsprechende Geräuschkulisse. Dies würde zu übermäßig hohen

Produktionskosten führen, und ist demnach für einen privaten Sender nicht vertretbar.

Jedoch werden jeden Tag im Spielplatz und in der Bärenhöhle Geschichten mit verstellter Stimme und mit der Geräuschkulisse einer Geräuschekiste vorgelesen.

Im Rahmen der Frequenzvergabe für Radio TEDDY wurden jedoch bestimmte Merkmale des Programms beschlossen. Diese beinhalten unter anderem folgenden Aspekt: „Es werden Geschichten erzählt, Hörspiele sollen ein bedeutender Programmschwerpunkt sein."[162] Wie schon erwähnt befinden sich im Programm von Radio TEDDY täglich zwei Sendungen, in denen Geschichten vorgelesen werden - nur Hörspiele suchte man 2006 vergebens.

Gerade Geschichten in der Form von gesprochenen Worten sind für die Entwicklung von Kindern besonders wichtig. Denn „bei Wortbeiträgen, wie Hörspielen, Lesungen oder Erzählungen müssen gesprochene Worte noch in Bilder umgesetzt werden. ... Die Spezifik des Rezeptionsprozesses ist beim Hörfunk dadurch dem Lektüreprozess deutlich näher als das Fernsehen. ... [Somit würde das Rezipieren von Hörspielen und Erzählungen] zur Lektüre motivieren...[und zur] Förderung der Lesekompetenz"[163] beitragen.

Das Hörspiel wird auch als „einzige Kunstform bezeichnet, die der Rundfunk hervorgebracht hat"[164]. „So ist über mehrere Jahre das Interesse an Hörbüchern und Hörspielen bei Kindern und Jugendlichen deutlich gewachsen."[165] Auf diese Kunstform in einem Kinderprogramm zu verzichten, noch dazu, wo Kindern anhand von verschiedenen Stimmbesetzungen Inhalte noch näher gebracht werden können, das genaue Hinhören so geschult und die Fantasie angeregt wird, ist als nachteilig anzusehen. Im Gegensatz zu öffentlich-rechtlichen Kinderprogrammteilen bemerkt man fehlende Klangästhetik und Kulturvermittlung. Denn „in nichts unterscheidet sich öffentlich-rechtlicher Rundfunk von seiner kommerziellen Konkurrenz so sehr, wie in seinen Kulturprogrammen"[166]. Doch vielleicht sollte gerade dieses Element – das Hörspiel – nur den öffentlich-rechtlichen Sendern vergönnt bleiben. Denn „die

---

[162] Beschluss des Medienrates zur Auswahl von Veranstaltern für die UKW-Hörfunkfrequenz 106,8 MHz in Berlin
[163] Heidtmann, Horst 2004 S. 5
[164] Ulrich Gerhardt 1997 S. 28
[165] Heidtmann, Horst 2004 S. 6
[166] Ulrich Gerhardt 1997 S. 28

Programmverantwortlichen des Radios sind sich nach zehn Jahren ‚Duales Mediensystem' inzwischen allerdings auch bewusst, dass sie ganz ohne Hörspiel nicht auskommen – nicht weil ihnen am Hörspiel viel liegt, sondern weil es eine der wenigen Sparten des Radios ist, die das öffentlich-rechtliche von kommerziellen Radio unterscheidet."[167]

6.2.3 Musik

Neben den Wortbeiträgen ist Musik ein Hauptbestandteil von Radio. Der Musikmix auf Radio TEDDY sollte möglichst abwechslungsreich sein. Denn neben der Hauptzielgruppe der Kinder müsse man auch Musik für Erwachsene bieten. Insgesamt schöpfte Radio TEDDY aus einem Gesamtpool von 4000 bis 5000 Songs, wobei man 2 bis 3 Minuten benötigt, um einen Wunschtitel aufzusuchen.

Deutsche Musik überwiege im Verhältnis 60% zu 40%. Je nach Schwerpunkt der Sendung variiert dieses Verhältnis. Dabei wird jeweils darauf geachtet, dass der Musikmix altersgerecht und für die ganze Familie annehmbar ist. Morgens liege dieses Verhältnis bei 50% zu 50%. Vormittags werde mehr deutsche Musik gespielt, da von 10 bis 13 Uhr die Vorschulkinder angesprochen werden, und nachmittags würden vor allem die Charts und aktuelle, englische Lieder gespielt.

Die Rotation der Lieder variiert von alle 5 bis 6 Stunden über einmal pro Tag bis einmal pro Woche. Es wird darauf geachtet, dass die Tageszeit, an denen die Lieder wiederholt werden, stets variiert. In welcher Frequenz die Titel gespielt werden, hängt von ihrem Beliebtheitsgrad ab. Dafür werden von der Redaktion der Markt, die Charts und die Resonanz der Hörer beobachtet. Bei letzterem werden die Musikwünsche der Hörer herangezogen (siehe auch Unterabschnitt 6.2.1.5).

Die Musik von Radio TEDDY wird unterschieden nach Kategorien, Tempo, Geschlecht, Sprache und Anmutung. Je nach Klangfarbe, Charakter und Zielgruppe der Sendung werden entsprechende Pools genutzt, deren Lieder dann gespielt werden.

Die einzelnen Pools, aus welchen die Titel entnommen sind, entsprechen jeweils bestimmten Oberthemen.

---

[167] Hickethier, Knut: (1997) S. 17

Kategorien	Kategorien	Kategorien
K1 - Kids Power 6	A1 - Adult Power 5	B1 – Bärenclub
K2 - Kids Gut´Nacht	A2 - Adult med	SO – Sommer
K3 - Kids K´garten	A3 - Adult soft	X1 - Xmas Power
S1 - School Power 10	N1 - Nacht Power 10	X2 - Xmas Adult
S2 - School Radio	N2 - Nacht Main	X3 - Xmas Kids
S3 - School Topkids	N3 - Nacht Kids	X4 - Xmas Klassiker
T1 - Teens Power 5	N4 - Nacht Special	
T2 - Teens/A Radio	N - Neue Songs	
T3 – Zeitmaschine	E - Extra Anlässe	

Tabelle 25: Liederpools von Radio TEDDY

Quelle: Radio TEDDY

Für die Sendungen unter der Woche bediente sich Radio TEDDY folgender Pools:

Sendung	Auf Ausstehn stehn				Spielplatz			TEDDY Cool					Bärenhöhe	
Uhrzeit	6	7	8	9	10	11	12	13	14	15	16	17	18	19
Kategorie														
K1	1				1	1	1	1	1	1	1	1		
K2													4	11
K3					5	5+1	5+1						7	4
S1	2	2	2	2	2	2	2	2	2	2	2	2	1	
S2	1+1	1	2	2	1	+1	+1	2+1	2+1	2+1	2+1	2+1	2	2
S3	5+1	6	6	6	5	5+1	4+1	3+1	3+1	3+1	3+1	3+1	2	1
A1		1						1	1	1	1	1		
A2			1					1		1				
A3														
T3	1		1					1		1		1		

Tabelle 26: Lieder eines Musik-Pools einzelner Sendungen pro Stunde (Beispiel 2006)

(Die Titel sind einem Sendeschema entnommen. Die Angabe ‚+1' gibt den Puffertitel an, welcher zusätzlich nach Bedarf eingesetzt werden kann. Demnach variiert die Anzahl um einen Song)

Quelle: vgl. Sendeschema von Radio TEDDY

Anhand dieser Tabelle lassen sich aufgrund der Kategorien die Zielgruppen der einzelnen Sendungen und deren Klangfarbe und Charakter erkennen und kennzeichnen.

Auf Aufsteh'n ste'n

In der Morgensendung von Radio TEDDY soll mit der „Morgenfamilie" die gesamte Familie angesprochen werden. Die Musik spiegelt hauptsächlich den Geschmack von Schulkindern wieder (Pool S1-3), der Pool S3 mit Comedy-Liedern wird am häufigsten bedient.

Spielplatz

Der Spielplatz beinhaltet meist ruhige, gelesene Geschichten. Diese sind für die jüngeren Hörer gedacht. Kinder ab dem 7. Lebensjahr befinden sich zu diesem Zeitpunkt in der Schule. Somit spielt hier der Pool der Kindergartenlieder (K3) und witzige Comedy-Hits für ältere Kinder (S3) eine große Rolle. Lieder der Zeitmaschine (T3) – Oldies – oder auch Hits für Erwachsene (A1-3) werden nicht gespielt.

TEDDY Cool

TEDDY Cool von 13 bis 18 Uhr ist für ältere Kinder gedacht, die zu dieser Zeit aus der Schule kommen. Sie haben einen anderen Musikgeschmack als Vorschulkinder. Anhand der Tabelle ist erkennbar, dass überwiegend die Pools S1-S3 genutzt werden. Aber auch Pools für Erwachsene werden bedient, da Kinder von 10 bis 13 Jahren bezüglich des Musikgeschmacks eher zu den Erwachsenen zählen als zu Kindern. Auffallend ist ebenfalls, dass die verwendeten Pools die Beischrift „Power" besitzen, was auf einen kraftvollen Nachmittag mit peppiger, mitreißender Musik hindeutet. Ein bunter Mix an Musik wird demnach geboten, welcher trotz Themensetzung der Sendung nicht zwangsläufig seitens der Hörer elternfrei sein muss.

Bärenhöhle

Mit der Bärenhöhle sollen die Kinder ins Bett gebracht werden. Das deutet auf ruhige Musik hin. Hauptsächlich werden in diesen beiden Stunden der Gute-Nacht-Pool (K2) und die Kindergartenlieder (K3) bedient. Aktuelle Musik wird nur wenig, bzw.

Musik für Erwachsene wird nicht gespielt. Somit werden musikspezifisch wieder die jungen Hörer angesprochen.

Am Wochenende

Sendungen am Wochenende, welche die ganze Familie erreichen sollen, bieten einen bunten Musikmix. Dies zeigt sich an der Anzahl der genutzten Titel aus den einzelnen Pools, welche beispielsweise bei der Sendung Pop & Shop am Samstag Mittag gesendet werden. Hauptsächlich der Pool S3 wird bedient. Schulkinder – also ältere Kinder – werden durch die Musik angesprochen. Ältere Lieder für Erwachsene sind häufiger vertreten als Kinderlieder. Der Inhalt der Sendung spiegelt sich somit auch in der Musikauswahl wieder, denn bei Pop & Shop ist Radio TEDDY zu Gast bei kinder- und familienfreundlichen Unternehmen. Ältere Kinder und Erwachsene werden durch diesen kommerziell- und werbeorientierten Inhalt angesprochen.

Radio TEDDY bietet demnach angemessen der Zielgruppe und deren Musik-geschmack sowie dem Tagesrhythmus entsprechend angemessenen, ausge-wogenen Mix von Musik unterschiedlichster Musikrichtungen mit unterschiedlichen Rezipientengruppen. Doch Radio TEDDY will mit seiner Musik nicht nur Unterhaltung bieten, sondern pädagogisch in den Alltag der Kinder eingreifen. Beispielsweise motivieren die täglich in der Morgensendung und in der Bärenhöhle gespielten „Zahnputzhits" die Kinder zum 3-minütigen Zähneputzen. Aufsteh-Songs animieren sie zum Aufstehen und Gute-Nacht-Lieder zum Einschlafen.

Trotz unterschiedlicher Geschmacksstrukturen der Kinder – je nach Altersgruppe – sind deutliche Parallelen musikalischer Gewohnheiten und Vorlieben bei Kindern festzustellen. Die Musik eines Familienradiosenders sollte über die folgende Breite der Musik verfügen[168]:

- deutscher Schlager,
- deutsche Popsongs,
- deutsche und internationale Kinder- oder Volkslieder sowie
- internationale Pop- und Rockmusik.

Kindergartenkinder haben vor allem Freude an Kinderliedern. Diese animieren sie „zum Mitsingen, Tanzen oder zur rhythmischen Untermalung. ... [Doch auch]

---

[168] vgl. Wegener, Matthias 1996

Popmusik wird von den Kindern gesungen"[169]. Gerade Melodien, die eine geringe Rotationsdauer aufweisen, sind für Kinder sehr eingängig.

Die Liedtexte von deutschen Popsongs sind bei den Kindern von großer Bedeutung. In einer Untersuchung versuchen sich Kinder bei deutschen Texten „an möglichst viele Textteile zu erinnern, sie hatten Spaß am gesungenen Reim und am Wortspiel, unabhängig vom Verständnis des Textes."[170] Bei englischen Popsongs stand die Imitation des Künstlers im Vordergrund.

Jedoch stellt Radio TEDDY an sich selbst den Anspruch ein Kinder- und Familienradio zu sein, und wird nach eigenen Aussagen nicht nur dem Musikgeschmack der Zielgruppe Kinder gerecht, sondern auch dem von deren Erziehungsberechtigten. Dies ist notwendig, da gerade jüngere Kinder meist im Beisein von ihren Eltern bzw. Erwachsenen Radio hören.[171] Hierbei werden kinderunfreundliche Lieder ausgespart.

Es wird davon ausgegangen, dass bei privaten Anbietern der Musikanteil sehr hoch ist.[172] Bei Radio TEDDY jedoch liegt der Wortanteil laut Angaben des Medienrates Berlin/Brandenburg zwischen 30 bis 60%. Im Vergleich zu öffentlich-rechtlichen bzw. privaten Sendern mit ca. 12 bis 25%[173] liegt der Wortanteil bei Radio TEDDY also sehr hoch.

Doch nicht nur Wort- und Musikanteil sind wichtige Elemente, die es bei einem Privatradio zu prüfen gilt. Die Werbung stellt ebenso einen zentralen Punkt dar, denn neben den unterhaltenden und informierenden Inhalten sorgt sie für die Finanzierung des Senders.

6.2.4 Werbung

„Medienprodukte, die Werbung und Inhalt vermischen, sind für Kinder nicht empfehlenswert."[174] Kinder können nicht unterscheiden, was Werbung und was redaktionelle Inhalte eines Beitrags sind. Kinder nehmen alles als Informationen auf.

---

[169] Feil, Christine 1990 S.56
[170] Feil, Christine 1990 S.56f
[171] vgl. Feierabend/Mohr 2004 S. 457
[172] vgl. Meyn, Herrmann 2004 S. 171
[173] vgl. Böckelmann, Frank 2006
[174] Walther, Miriam (10.8.2006)

Um Kinder nicht in die Irre zu führen und sie nicht als Kaufkraft, bzw. minderwertige, ungeschützte Zielgruppe zu sehen, sind sie durch externe Gewalt zu schützen. Natürlich ist die bisher fast unerreichte Zielgruppe der Kinder attraktiv, besonders, da bei einem reinen Hörprogramm für Kinder die gewünschte Zielgruppe ohne Streuverluste erreicht werden kann. Jedoch ist dem Missbrauch und der Irreführung der Kinder durch unzureichend kenntlich gemachte Werbung vorzubeugen. Im Rundfunkstaatsvertrag ist im § 44 die ‚Zulässige Produktplatzierung' festgehalten:

„Abweichend von § 7 Abs. 7 Satz 1 ist Produktplatzierung im Rundfunk zulässig

1. in Kinofilmen, Filmen und Serien, Sportsendungen und Sendungen der leichten Unterhaltung, sofern es sich nicht um Sendungen für Kinder handelt, oder

2. wenn kein Entgelt geleistet wird, sondern lediglich bestimmte Waren oder Dienstleistungen wie Produktionshilfen und Preise, im Hinblick auf ihre Einbeziehung in eine Sendung kostenlos bereitgestellt werden, sofern es sich nicht um Nachrichten, Sendungen zum politischen Zeitgeschehen, Ratgeber- und Verbrauchersendungen, Sendungen für Kinder oder Übertragungen von Gottesdiensten handelt."[175] Hierbei ist jetzt zu hinterfragen, inwieweit ein für Kinder eingerichteter Radiosender als Kindersendung deklariert ist, ob es in diesem Falle eine Ausnahmeregelung gibt, oder ob Werbung im Kinderradio gar ganz verboten ist bzw. sein sollte. Dabei muss beachtet werden, dass „die Privatradios … wie die privaten Fernsehsender auf Werbeerlöse angewiesen [sind]. Sie finanzieren sich fast ausschließlich aus Werbung und Sponsoring."[176] So auch Radio TEDDY. Demnach sollte das Senden von Werbung zu Gunsten der jungen Zielgruppe durch Kriterien eingeschränkt werden.

Ein Kriterium bezüglich Hörfunkwerbung wurde in den Werberichtlinien der Landesmedienanstalten (2000) festgehalten. Ein Kriterium besagt, dass „der Beginn der Hörfunkwerbung … eine eindeutige Trennung von anderen Programmteilen durch akustische Mittel"[177] erfordere. Dies geschieht bei Radio TEDDY beim Senden von Werbeblöcken je durch ein Intro und ein Outro.

---

[175] Rundfunkstaatsvertrag (http://www.ard.de/download/538848/Staatsvertrag_fuer_Rundfunk_und_ Telemedien_in_der_Fassung_des_19__Aenderungsstaatsvertrags_vom_3__bis_7__12__2015.pdf)
[176] http://www.alm.de/index.php?id=117
[177] Punkt 6 § 7 Abs. 3 RStV Abs. 1

Doch werbende Inhalte werden nicht nur in Form von Werbespots vermittelt. Radio TEDDY bedient sich auch speziellen Sonderwerbeformen. Die Einnahmen und somit die Relevanz der einzelnen Werbeformen unterteilen sich in Funkspots mit 60%, Offair (Sonderwerbeformen) mit 35% und Internet 5%.

a.) Funkspots

Jedem privaten Sender ist es laut Gesetz erlaubt, bis zu 12 Minuten Werbung pro Stunde zu senden. Jedoch zählen zu diesen 12 Minuten lediglich Werbespots, welche durch ein Intro und ein Outro speziell als Werbung gekennzeichnet sein müssen.

Radio TEDDY hat sich ein Limit von 6 Minuten gesetzt, um seine Rezipienten als Kinder- und Familiensender nicht durch zu häufige Werbespots zu verlieren. Diese Spots werden von 6 bis 22 Uhr ein- bis zweimal pro Stunde ausgestrahlt. In den Sendungen mit Schwerpunkt auf die jüngere Zielgruppe ('Spielplatz' und 'Bärenhöhle') wurde laut Lizenzbedingungen ganz auf Werbung verzichtet. Demnach ergeben sich 11 Stunden, in denen täglich Werbespots ausgestrahlt werden. Laut Aussagen Radio TEDDYs beinhalten deren Werbespots alle klassischen Produkte und Dienstleistungen, außer kinderunfreundliche Produkte wie Klingeltöne, Alkohol und Medikamente. Je nach Zielgruppe wechseln auch thematische Schwerpunkte und altersbedingte Ansprache der Werbung, so dass die jeweilige Zielgruppe zwar fast ohne Streuverluste durch die Spots erreicht werden kann, diese jedoch offensiv und auffordernd wirken. Dennoch besteht bei den Funkspots am wenigsten die Wahrscheinlichkeit, dass diese nicht als Werbung von den 6- bis 13-Jährigen wahrgenommen werden (siehe Unterabschnitt 2.2.2). Bei den Sonderwerbeformen ist dies eher ein ernstzunehmendes Problem.

b.) Sonderwerbeformen

Unter Sonderwerbeformen sind „spezielle Sponsoring- und Integrationsmöglichkeiten im Service-, Sendungs- und Rubrikenumfeld"[178] zu verstehen. Hierbei thematisiert Radio TEDDY Werbepartner und deren Produkte in Sendungen wie Pop & Shop, Reisepuzzle oder TEDDY Cool. Es werden Trailer verkauft, die auch schon im Vorfeld der Sendung diese ankündigen, sowie Live-Takes und Interviews.

---

[178] Radio Teddy, Mediadaten 2007

Doch nicht nur Sendeinhalte werden verkauft, Radio TEDDY bietet auch den Werbetreibenden die Möglichkeit des Servicesponsorings an. Somit können Wetter und Verkehr von Firmen, welche im Programm als Sponsor erwähnt wurden, gesponsert werden.

Durch die Integrationsmöglichkeiten der Werbepartner in die Sendung werden redaktionelle Inhalte mit werbenden Inhalten vermischt. Die Vorliebe der Kinder für Rätselraten und Quizsendungen wird genutzt, um Preise auszuloben, welche im Laufe einer Sendung von 3 bis 4 Stunden redaktionell aufbereitet eindringlich erläutert und beschrieben werden. Somit steigert die Vorfreude auf den Gewinn auch die Enttäuschung, wenn Kinder nicht gewonnen haben. Diese werden nach der Bekanntgabe der Gewinner direkt dazu aufgemuntert, sich selbst den Sachpreis kaufen zu können, oder mit ihren Eltern eben diese ausgelobte Reise selber anzutreten.

Kritisch wird hier auch die häufige Nennung der Firmen bzw. die detaillierte und mehrfache Beschreibung des Sachpreises gesehen. Laut Werberichtlinien der Landesmedienanstalten (2000), „ist eine dreimalige Nennung der Firma bzw. zur Verdeutlichung … eine kurze Beschreibung des Preises zulässig." Radio TEDDY pries in seiner Ausschreibung für Sonderwerbeformen für beispielsweise das Reisepuzzle (Sonntag 10 bis 14 Uhr) die Integration des Veranstalters, abgesehen von Trailern zur Vorbewerbung, durch 10-maligen Nennung pro Sendung sowie die Möglichkeit von zwei Interviews pro Stunde an. Fragwürdig ist, ob derartige Werbung für einen Gewinn nicht auch als solche gekennzeichnet werden müsse.

Ebenso, jedoch ohne Gewinnspielcharakter, verhält es sich bei den Sendungen TEDDY Cool und Pop & Shop, bei denen Radio TEDDY bei Unternehmen live vor Ort ist und mit 15 bzw. 12 Live-Takes bzw. Interviews über das Unternehmen, ein Produkt oder eine Aktion berichtet.

c.)   Internet

Doch nicht nur das Programm nutzt Radio TEDDY für Werbeeinnahmen. Auch im Internet können seitens der Werbetreibenden Banner, Links, Pop-Ups oder Follow-Up-Pages gekauft werden. „Auf den Internetseiten von Radio TEDDY werden Kampagnen integriert und redaktionell begleitet. Ein Teaser auf der TEDDY-Homepage weist auf die Aktion hin und weitere Seiten stellen …die ausführlichen

Details vor."[179] Jedoch wird programmbegleitende Werbung im Internet als nicht so kritisch eingeschätzt wie Werbespots und Sonderwerbeformen. Denn nur ein geringer Anteil der Kinder, die Radio hören, verfolgt das Programm im Internet und besucht die Internetseite des Senders, wie in Abschnitt 3.5 zu sehen ist. Auch ist der Zugang speziell für kleinere Kinder, welche Werbeinhalte nicht von redaktionellen Inhalten unterscheiden können, meist durch die Eltern reglementiert, da Eltern das Internet für Kinder teilweise als Gefahr oder als ungeeignet empfinden.[180] Zwar zeigen die Zahlen von Radio TEDDY, dass die Besuche der Internetseite im letzten Jahr zugenommen haben, jedoch ist zu beachten, dass 73.000 Erwachsene in der 2. Mediaanalyse 2006 als Radio TEDDY Hörer ermittelt wurden. Die Webseite von Radio TEDDY zählt gut 40.000 Nutzer, wie folgende Abbildung 6 zeigt.

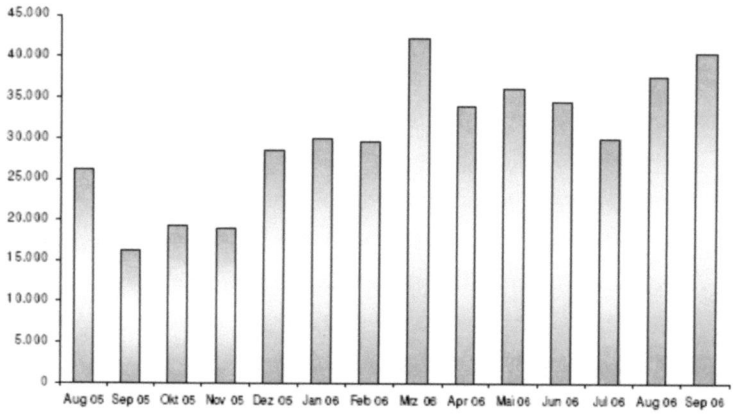

Abbildung 14: Nutzung der Radio TEDDY Webseite 2006
Quelle: Radio Teddy Server

Somit könnte davon ausgegangen werden, dass ca. die Hälfte aller Radio TEDDY Hörer auch die Webseite des Senders besuchen. Jedoch wird, wie bereits in Unterabschnitt 2.2.1 erwähnt, ein Großteil der Radio TEDDY Hörer nicht in der Mediaanalyse erfasst. Auch wird in Abbildung 14 nicht auf die mehrmalige Nutzung

---

[179] Radio Teddy, Mediadaten 2007
[180] vgl. KIM 2005, Feierabend/Rathgeb 2006 S. 57

eines Rezipienten eingegangen. Somit ist anzunehmen, dass die Rezipientenzahl reell viel höher und die absolute Zahl der Webseitennutzer geringer ist.

d.) Off-Air-Promotion

Off-Air-Promotion – das Präsentsein des Senders außerhalb des Sendestudios in Form eines Promotionstandes mit Werbemitteln, dem Maskottchen bzw. Sendetechnik zum Senden vom jeweiligen Ort – ist nicht nur eine reine Form von Werbung für den Werbepartner, sondern auch für den Sender (siehe Unterabschnitt 6.2.5). Bezüglich der Werbepartner ist an dieser Stelle zu klären, dass Radio TEDDY in den entsprechenden Unternehmen oder zu Events live vor Ort ist. Doch handelt es sich bei den meisten Off-Air-Promotion-Veranstaltungen nicht nur um rein informative Anlässe, sondern meist um Präsentationen mit werbendem Charakter, wie die Einführung eines neuen Produktes, eine Neueröffnung bzw. Vorstellung eines Unternehmens. Beispielsweise ist der Hintergrund einer Radio TEDDY Veranstaltung zur Sendung Pop & Shop stets eine Werbeveranstaltung für Kinder und Eltern. Es ist hierbei zu bedenken, ob ein Kinder- und Familienradiosender das Lockmittel für Kinder und Eltern für ebendiese Werbeveranstaltungen sein darf.

Anhand einer Umfrage der ‚KinderVerbraucherAnalyse 2006', in der 6- bis 13-Jährige befragt wurden, wurde seitens der Kinder erwähnt, dass Werbung oft langweilig und gar nicht für Kinder gemacht sei. Jedoch werde sie in Kombination mit Quizfragen und Rätseln, wo die Kinder mitmachen und gewinnen können für gut befunden. Diese Vorliebe von Kindern für Rätselraten (siehe auch Unterabschnitt 6.2.1.4), für den Sender vorteilhaft gekoppelt mit werbenden Inhalten, unterstützt Radio TEDDY, jedoch nicht immer zum Vorteil der Kinder, wie im Unterpunkt der Sonderwerbeformen beschrieben.

Hier ist auch schon das folgende Problem aufgegriffen worden: Werbung spricht Kinder meist gezielt als Konsumenten an. Die Kleinsten haben generell Schwierigkeiten, Werbespots von Sendungsinhalten zu trennen.

„Auch älteren Kindern fällt es oft noch schwer, Absichten von Werbung voll zu durchschauen. Sobald Handlungsträger und Ambienten aus Sendungen beworben werden, können Kinder Werbung nicht mehr vom Inhalt trennen. Auch Eltern sind über die Kaufaufforderungen und Konsumfreude der Sprösslinge wenig erfreut. Fakt ist, dass Werbung und Programmangebot heute gekoppelt … und Kinder eine relevante Werbegruppe"[181] sind. Jedoch sollte auf die Fähigkeiten der Kinder im Umfeld ihrer bevorzugten Programmschienen Rücksicht genommen werden.

Radio TEDDY befindet sich im Zwiespalt. Einerseits müssen sie den Werbetreibenden ihren Sender bezüglich der werberelevanten Zielgruppe schmackhaft machen. Andererseits sollten sie nach außen ihre Inhalte qualitativ hoch und, bezüglich des Medienrates, die Werbung gering halten sowie auf das Verständnis der Kinder im Umgang mit Werbung verantwortungsbewusst umgehen. Demnach sollten Kinder nicht als konsumrelevante Zielgruppe ausgewiesen werden.

Eigenwerbung, Trailer und Jingles zählen zwar im Sinne der Landesmedienanstalten nicht als Werbung, jedoch ist hierbei ebenso darauf zu achten, dass diese die Kinder nicht überhäufen.

Dass Sender ihr Programm bewerben wollen ist verständlich. „Die kommerziellen Programmanbieter sind selbstverständlich an einem intensiven und massenhaften Zustrom von Programmempfängern interessiert – von Programmempfängern, die zudem über viel Zeit verfügen. Denn die Produktion der Programme und deren Vertrieb insbesondere über Satellit sind teuer. Sie zu finanzieren und ihre Kosten nicht nur zu amortisieren, sondern mit Gewinnen zu übertreffen, ist eine schwierige Aufgabe."[182] Der verschärfte Wettbewerb zwingt die privaten Anbieter regelrecht dazu, mit der Werbung offensiv umzugehen. Jedoch gibt es einen Unterschied zwischen aufmerksam und scharf machen. Viele Kinder verstehen nicht den Sinn und die Funktion von Trailern. Um ihnen Verwirrung zu ersparen sollte ein Stück Verantwortung vor der jüngsten Publikumsgruppe gezeigt werden.[183] Daher sollte Eigenwerbung aufgrund der jungen Zielgruppe ähnlich beachtet und gehandhabt werden wie Werbung.

6.2.5 Eigenwerbung

Neben dem Hauptschwerpunkt eines privaten Radios, Einnahmen durch Werbung zu erzielen, ist es wichtig den eigenen Sender bekannt zu machen und somit die Quote zu erhöhen. Dies geschieht einerseits durch Jingles im Programm und durch Trailer,

---

[181] vgl. Theunert 1995 S.199
[182] Schmidbauer, Miachael/Löhr, Paul 1985 S. 50
[183] vgl. Theunert 1995 S.99f

die auf eigene Programminhalte verweisen. Andererseits ist es wichtig gerade für die junge Zielgruppe der Kinder präsent zu sein und Radio fassbar zu machen.

Ersteres sollte durch einprägsame Slogans, Wortwahl und einen akustischen Rahmen, wie Erkennungs- und Schlussmelodie geschehen. „Kurze Sprüche ... [und Melodien] sind gleichsam Startsignale für Identifikationsprozesse ... und somit auch Mitteilungen an die Kinder. Erkennungsmelodien werden von Kindern wie 'geschriebene Titel' verstanden"[184].

Des Weiteren ist es wichtig, ein einprägsames Logo zu verwenden, welches die Hörer den Sender, auch wenn das Radio ausgeschaltet ist, visuell mit dem auditiven Medium verbindet und einen hohen Wiedererkennungswert hat.

Radio TEDDY bedient sich in seinem Programm einer Vielzahl von Jingles, Trailern und eines eigenen Liedes. Pro Stunde wird mindestens ein auf eine andere Sendung hinweisender Trailer und ein bis zwei Mal pro Tag das Radio TEDDY Lied, je nach Jahreszeit auch in abgewandelten Versionen, gespielt. Radio TEDDY Jingles werden im Durchschnitt nach jedem zweiten Lied im Programm platziert, wobei die Versionen je nach Tageszeit variieren – morgens eher peppig, abends ruhig. Hochzeiten der Eigenwerbung lagen bei den ausgewählten Sendungen am Morgen von 7 bis 9 Uhr und am Nachmittag von 14 bis 15 Uhr. Doch auch die Off-air-Eigenwerbung findet erfolgreich bei Radio TEDDY statt (siehe 6.2.4 d). Um den Sender einerseits präsent zu zeigen, ihn sozusagen auch optisch der Zielgruppe näher zu bringen, ist Radio TEDDY bei einer Vielzahl von Events, Konzerten und Aktionen mit einem Werbestand bzw. sogar mit Sendetechnik live vor Ort. Somit sind Kinder direkt zum Besuchen ihres Senders und zum Mitmachen aufgefordert. Von besonderer Bedeutung sind hier Werbemittel, die die Kinder direkt mit nach Hause nehmen können. Dabei handelt es sich stets um Werbemittel mit Mehrwert, wie z.B. Poster zum aktiven Rätselraten, Schulheftetiketten, Stundenpläne, T-Shirts etc.. Auch CDs mit Geschichten und Musik des Senders können erworben werden. Kinder werden so in vielen Alltagssituationen mit Produkten des Senders konfrontiert und an ihn erinnert. Der Wiedererkennungseffekt steigt.

Darüber hinaus ist Radio TEDDY für seine junge Zielgruppe präsent in Kindergärten und Kindertagesstätten, Schulen, auf Messen, Konzerten und Events. Kunden-

---

[184] Feil, Christine 1990 S.56

veranstaltungen für Werbetreibende wurden durch Radio TEDDY initiiert. Jedoch sind diese Aktionen nicht nur zum Wohl des Hörers. Diese Off-Air-Promotion, Bestandteil der Sonderwerbeformen (siehe Unterabschnitt 6.2.4 b), hat den Charakter einer Werbeveranstaltung und dient der Finanzierung des Senders. Gerade diese Art der Werbung ist für den Sender von großer Relevanz, um sich bei seiner Zielgruppe bekannt zu machen. Dies grenzt Radio TEDDY u.a. von Radijojo ab. Radio TEDDY ist meist bei Festen, Aktionen oder Events präsent. Radijojo verzichtet größtenteils auf diese Art von (Eigen-)Werbung (siehe Unterabschnitt 2.5.2)

Ein weiterer großer Vorteil ist die Positionierung des Sendestudios direkt im Filmpark Babelsberg in Potsdam. Daher wird ein Gang durchs offene Funkhaus für die Besucher des Parks automatisch zur Attraktion. Radio TEDDY wird, durch die vielen Möglichkeiten aktiv mit dem Sender in Kontakt zu kommen, nicht nur hörbar sondern auch erlebbar gemacht.

Bei zu viel Eigenwerbung durch Jingles, Werbetrailern und Werbemittel des Senders besteht die Gefahr einer einseitigen Begeisterung der Kinder. Radio TEDDY könne somit den Mittelpunkt ihres Lebens einnehmen und den Alltag dominieren. Fanatismus und Isolation wären die Folge von zu dominanter Eigenwerbung, welche den Kindern permanent und eindringlich vermittelt wird.

Andererseits ist es schön, gerade der jungen Zielgruppe „eine Lobby für ihre eigenen Interessen und Anliegen zu bieten"[185], und sie durch einen eigenen Radiosender, welcher überall präsent ist, zu stärken.

---

[185] Paus-Hasebrink, Ingrid (2004) S.36

7. Schlussbetrachtung

Dieses Buch soll zur Beurteilung von Kinderradio dienen. Dazu wurde in Kapitel 2 ein Überblick über Radio und die Zielgruppe Kinder sowie Kinderradio gegeben. Das 3. Kapitel beschäftigt sich mit der Nutzung von Radio durch Kinder, Kapitel 4 begründet in Unterpunkten die Bedeutung und Notwendigkeit eines Kinderradios. Aus diesen Kapiteln werden in Kapitel 5 Kriterien zur Beurteilung von Kinderradio entwickelt. Anhand dieser theoretischen Grundlagen wurde in Kapitel 6 der erste private deutsche Kinder- und Familienradiosender Radio TEDDY untersucht.

Zusammenfassend wird festgestellt, dass ein einheitliches Programm für Kinder von 3 bis 13 Jahren nicht möglich und differenziertes Programm nur schwer zu realisieren ist. Grund dafür sind die unterschiedlichen Ansprüche und kognitiven Kompetenzen der jeweiligen Altersgruppe. Gute Laune der Moderatoren ist gerade bei einem privaten Radio für die Hörerbindung wichtig, aber die Witze bei Radio TEDDY sind zum Teil speziell für die jüngere Zielgruppe unverständlich. Demnach sollte es, wie von Radio TEDDY gehandhabt, Programmeinheiten je nach Altersgruppe geben.

Der Kinder- und Familiensender sendet täglich 24 Stunden. Jedoch ist es fraglich, ob ein Radio für vor allem Kinder rund um die Uhr senden sollte. Daher verabschiedet Radio TEDDY die jungen Hörer bis 13 Jahre mit dem Elternabend schon um 20 Uhr. Jedoch ist zu erwarten, dass diese Uhrzeit für beispielsweise 10-Jährige noch zu früh ist, da ab 20 Uhr Erwachsenenthemen im Programm behandelt werden. Es wäre denkbar das Programm für Kinder, ähnlich wie beim KI.KA und KIRAKA, bis 21 Uhr auszuweiten.

Weitere wichtige Argumente sind das Senden von Hörspielen bzw. die Klangästhetik.

Radio TEDDY sendet, obwohl als bedeutender Schwerpunkt im Programm bei der Frequenzvergabe beim Medienrat Berlin/Brandenburg festgelegt, keine Hörspiele. Jedoch werden täglich Geschichten vorgelesen. Somit wird zwar ein erhöhter Wortanteil, allerdings nicht wie mit dem Medienrat vereinbart, bis zu 60%, eingehalten. Ein Grund dafür ist, dass bekannte, lizenzierte Geschichten dem Sender zu teuer sind. Die optimalen Ressourcen des auditiven Mediums, speziell in dem Umfang, wie man sie Kindern bieten sollte, werden nicht genutzt, und weder in

Länge noch in Qualität eingehalten. Denkbar wären hier beispielsweise Märchen, Klangspiele, Geräuschecollagen, Quatscheffekte, Reime, Rollenspiele evtl. auch mit Kinderbesetzung sowie kurzen Spielszenen.[186] Diese könnten mit Hör- bzw. Buchtipps verbunden sein.

Doch auch die Ästhetik leidet im Programm, wenn mehrfach in gelesenen Geschichten Versprecher auftauchen oder Jingles falsch eingespielt und wieder abgebrochen werden. Ein weiterer Nachteil ist beispielsweise das Einspielen lauter, nicht angepasster Trailer in der ruhigen Abendsendung, in welcher Moderation und Jingles der Abendstimmung entsprechen. Eine Erhöhung der Klang- und Sprachqualität sowie das Anpassen aller Programmelemente sind ratsam.

Radio TEDDY bietet Kindern viele Möglichkeiten sich selbst ins Programm einzu-bringen. Durch Telefonumfragen, Wunschmusik, Vorstellen von Hobbys oder Gewinnspiele werden Kinder aufgefordert, sich zu beteiligen. Diese Möglichkeiten an einer Sendung teilzunehmen ist für die Stärkung der Kinder wichtig und trägt zur Hörerbindung bei. Jedoch besitzen die Kinder so untereinander keine Chance, sich mit gleichaltrigen Kindern auszutauschen. Ebenfalls ist zu bemängeln, dass die Preise pro Anruf zwar fix, jedoch für die zum Anruf aufgeforderte Zielgruppe der Kinder nicht angemessen sind. Permanente Aufforderung zum Anrufen und der Griff der Kinder zum Hörer liegt nicht im Interesse der Eltern. Somit wäre es wünschenswert, ähnlich wie beim öffentlich-rechtlichen Webchannel KIRAKA, eine kostenlose Nummer anzubieten, über welche Kinder ohne Besorgnis der Eltern rund um die Uhr „ihren" Sender telefonisch erreichen. Dabei taucht wieder das Problem der Finanzierung der kostenlosen Nummer auf. Dies ließe sich evtl. durch Sponsoring bzw. Werbepartner realisieren, wobei dies im Widerspruch mit einem werbefreien Kinderradio steht. Als Alternative wäre die Kommunikation per E-Mail zu nennen, jedoch steht diese wiederum im Widerspruch mit der geringen Nutzung der Webseite, dem noch stark reglementieren Zugang speziell für jüngere Hörer sowie die Barriere des Lesens und Schreibens der Zielgruppe. Zwar ist ein Anstieg der Zugriffe auf die Webseite zu erwarten, die Einschränkung der Vorschulkinder, per E-Mail aktiv zu werden, bleibt jedoch bestehen.

---

[186] vgl. Wegener, Matthias 1996

Durch häufige Events ist Radio TEDDY den Kindern sehr präsent. Z.B. wären Events im Zusammenhang mit Sonderwerbeformen ohne den Sender nicht realisiert worden bzw. undenkbar. Schulen bringen den Kindern teilweise den Sender im Unterricht nahe. Jedoch wäre eine stärkere Schulung der Medienkompetenz von pädagogischer Seite her wünschenswert.

Nicht angebracht ist der Werbeinhalt, den der Kinder- und Familiensender vermittelt. Da jeder private Radiosender werbefinanziert ist, können nur öffentlich-rechtliche und nicht-kommerzielle Radiosender dem Kriterium der Werbefreiheit gerecht werden. Somit sollte die Werbung bei Radio TEDDY zumindest den Richtlinien entsprechen und seitens der Redakteure verantwortungsbewusst mit werbenden Inhalten umgegangen werden. Die Werbung sollte die Kinder nicht direkt ansprechen und keine Kaufaufforderungen enthalten. Als besonders gefährdend wird das Mischen von werbenden und redaktionellen Inhalten gesehen, wobei einer Quizsendung der Charakter einer Werbesendung verliehen wird. Kinder können Werbung in so einem Fall nur schwer auseinander halten. Bei Preisauslobungen sollte es zu Gunsten der Kinder keine direkte Aufforderung geben, dass der Preis auch käuflich zu erwerben ist, bzw. sollte der Preis nicht mehr als nötig beschrieben und erwähnt werden.

Positiv ist der Mehrwert aller Werbeprodukte Radio TEDDYs wie z.B. Heftaufkleber, Rateposter etc.. Jedoch ist zu erwähnen, dass Radio TEDDY einen hohen Anteil an Eigenwerbung sendet, um seine Hörer auf sich aufmerksam zu machen. Daraus ergibt sich für die Kinder die Gefahr von Fanatismus und Isolierung.

Insgesamt gesehen befindet sich Radio TEDDY im Zwiespalt zwischen Kommerz und Qualität. – Zum Einen benötigt der Sender zur Finanzierung die Vermarktung der Kinder und Eltern bzw. Erfüllung der Quote für die werberelevante Zielgruppe. Denn durch eine Erhöhung der Quote steigt der Tausend-Kontakt-Preis und somit die Werbeeinnahmen pro Spot. Auch für Sonderwerbeformen können beispielsweise bei größerem Sendegebiet und größerer Hörerzahl die Preise erhöht werden.

Redaktionelle Inhalte mit werbendem Charakter werden jedoch vom Hörer erkannt und wirken ebenso abschreckend wie übermäßige Eigenwerbung. Zum Anderen sollte Radio TEDDY dem Gegenwirken und den Hörer an einen Sender mit Hörgenuss, Ästhetik und Qualität binden und versuchen die Ansprüche an Kinderradio zu erfüllen sowie den Qualitätskriterien gerecht zu werden.

Somit befindet sich Radio TEDDY im Konflikt zwischen Werbetreibenden und Rezipienten. Der Sender wirbt mit demselben Angebot um Rezipienten und Werbetreibende. Diese haben jedoch jeweils unterschiedliche Ansprüche. Gerade im Hinblick auf die Zielgruppe der Kinder ist Vorsicht geboten, denn schließlich schuldet „der Mensch ... dem Kind das Beste, was er zu geben hat."[187]

Dennoch hat es vor Radio TEDDY kein öffentlich-rechtlicher Sender geschafft, den Kindern ein ähnliches Programm zu bieten. Demnach war dieser Kinder- und Familiensender 2007 konkurrenzlos. Um nicht dem Druck ausgeliefert zu sein, Radio billiger produzieren und auf Qualität verzichten zu müssen, ist ein kommerzielles – ein privates – Radio für Kinder prinzipiell ein falscher Ansatz. Radio TEDDY sollte hingegen seinen kommerziellen Charakter beibehalten, denn schließlich ist es als Privatradio auf Werbeeinnahmen angewiesen. Dennoch wäre es seitens des öffentlich-rechtlichen Hörfunks „einen Versuch wert, das Modell [des KI.KA] auf das Kinderradio zu übertragen."[188]

Die rasant wandelnde Technik der letzten 10 Jahre, wie das fast überall verfügbare Internet, die selbstverständliche Nutzung des Smartphones oder das digitale Radio DAB+ sowie die Wandlung von Angebotsformaten „Radio to go" wie z.B. Potcasts oder Spotify machen Radio noch einfacher erlebbar und für den Hörer handhabbar.

Dem Rezipienten wird nicht nur das technische Hindernis genommen, auch die Auswahl an einzelnen Programmelementen, die aktive Beteiligung oder die individuelle Verfügbarkeit sind gestiegen. Radio hat somit an Flexibilität gewonnen, aber aufgrund seiner ständigen und wiederholbaren Verfügbarkeit, dem Konservieren und dem individuellen Zusammenstellen von Inhalten auch etwas von seiner Aktualität und Generalität verloren.

Auch Radio TEDDY hat sich in den letzten 10 Jahren etabliert und weiterentwickelt – nicht nur das Sendegebiet hat sich erweitert, auch Programmstruktur und Inhalte haben sich geändert. Eine neue Herausforderung wäre eine aktualisierte Analyse, zur Wahrung der Qualität und Sicherung des inhaltlichen Anspruchs.

Denn je mehr der Rezipient seine Inhalte selbst bestimmen kann, desto wählerischer wird er. Somit entscheidet nicht nur der Geschmack des Hörers nach Inhalten der

---

[187] UNO-Deklaration zum Schutz des Kindes
[188] Müller, Susanne 2002 S. 15

Playlist, sondern vor allem die Qualität der Inhalte an der Hörerquote der Wortanteile. Dies wird wohl aufgrund der Schnelllebigkeit und des vielfältigen Angebotes auch in Zukunft ein wichtiger Kritikpunkt – nicht nur für Kinderradio – sein.

8. Quellen

8.2 Literatur

ARD-Forschungsdienst: (2004) Medien und Programmqualität aus Zuschauersicht. In: Media Perspektiven 12/2004 S. 594-598

Arnheim, Rudolf: (2001) Rundfunk als Hörkunst, Suhrkamp Verlag

Aufenanger, Stefan; Mertes, Kathrin; Nold, Fabian: (2006) Verstehen Kinder Kindernachrichten? In: Televizion „Man hört Palaver Palaver, aber was geht da ab, das weiß ich nicht." 19/2006 München: IZI 2006, S. 50ff

Beckmann, Frank: (2005) KI.KA – Kinderfernsehen mit Mehrwert In: Maya Götz; TELEVIZION „Also, wenn´s richtig gut ist – also *richtig* gut." Was ist Qualität im Kinderfernsehen; Internationales Zentralinstitut für das Jugend- und Bildungsfernsehen (IZI) beim Bayrischen Rundfunk, Mering 2005 S. 14-17

Bergmann, Susanne; Maatje, Christian; Schill, Wolfgang u.a.: (2002) alle mal herhören: Kinder wollen Radio, Bielefeld

Böckelmann, Frank: (2006) Hörfunk in Deutschland - Rahmenbedingungen und Wettbewerbssituation. Bestandsaufnahme 2006/Frank Böckelmann; Hrsg. Verband Privater Rundfunk u. Telemedien e. V.; Red. Walther A. Mahle; Gerd Macher. Berlin: Vistas, (http://www.rein-hoeren.de /inhalt/397.shtml)

Breckner, Ingrid: (1987) Medienkonsum von Kindern und Jugendlichen – Pädagogische Kritik zwischen Mythen und Fakten, Juventa Verlag Weinheim und München

Burmeister, Anke: (1997) Diplomarbeit an der Universität Leipzig: Hörfunkangebot für Kinder - Analyse, Entwicklung der Kriterien für ein Kindertagesprogramm und Entwurf eines Kindertagesprogramm

Devine, Cathy u.a.: (2002) Radio datatrak. M Street Publications; Media Framework, New Canaan, USA

Eckhardt, Josef; Mohr, Inge; Windgasse, Thomas: (2002) Mediennutzung bei Kindern: Radio im Abseits? Ergebnisse einer Repräsentativbefragung in Berlin/Brandenburg und Nordrhein-Westfalen. In: Media Perspektiven 2/2002 S. 88-102

Feierabend, Sabine; Klingler, Walter: (2003) Kinder und Medien 2002. Ergebnisse der Studie KIM 2002 zum Medienumgang Sechs- bis 13-Jähriger in Deutschland. In: Media Perspektiven 6/2003 S. 278-289

Feierabend, Sabine; Mohr, Inge: (2004) Mediennutzung von Klein- und Vorschulkindern, Ergebnisse der ARD/ZDF- Studie „Kinder und Medien". In: Media Perspektiven 9/2004 S. 453-461

Feierabend, Sabine; Rathgeb Thomas: (2006) KIM-Studie 2005 – Kinder und Medien, Computer und Internet. Basisuntersuchung zum Medienumgang Sechs- bis 13-Jähriger in Deutschland. Medienpädagogischer Forschungsverbund Südwest. Stuttgart

Feil, Christine: (1990) Medienerfahrungen von Kindern und ihre Bedeutung im Kindergarten. In: Medienerziehung im Kindergarten: Neue Herausforderung durch private Programme?, LfR-Workshop 8./9. September 1989, Landesanstalt für Rundfunk-Dokumentationen Band 3, Nordrhein-Westfalen, Düsseldorf, S. 47-58

Fink, Cordula: 2001 „Schatten der medialen Klassengesellschaft" In: Gesellschaft für Medienpädagogik und Kommunikationskultur „Medienkompetenz in Theorie und Praxis", Bielefeld

Frey-Vor, Gerlinde; Schumacher, Gerlinde: (2004) Kinder und Medien 2003. Studie der ARD/ZDF-Medienkommission – Kernergebnisse für die sechs- bis 13-jährigen Kinder und ihre Eltern. In: Media Perspektiven 9/2004 S. 426-440

Gembris, Heiner: (2002) Grundlagen musikalischer Begabung und Entwicklung, Augsburg: Wißner

Gerhard, Heinz: (2006) Marktführer ZDF In: Jahrbuch 2005 Mainz S. 187-193

Gerhardt, Ulrich: (1997) Hörspiel und Radio. In: AUGEN-BLICK. Radioästhetik – Hörspielästhetik. Marburger Hefte zur Medienwissenschaft 26. Schüren Presseverlag Marburg S. 28f

Götz, Maya; Hofmann, Ole; Reichenberger, Susanne: (2002), Familien-Fernsehen aus Sicht der Eltern. Zusammenfassung der Ergebnisse einer Elternbefragung auf verschiedenen Onlineforen im Internet im April 2001. München: IZI 2002. Quelle: www.br-online.de/jugend/izi/forschung/fam&TV.pdf (15.10.2006)

Grewenig, Siegmund: (2005) Qualität fürs Kinderfernsehen. In: Televizion „Also wenn's richtig gut ist – also *richitg* gut." 18/2005 München: IZI 2005, S. 6

Hackl, Christiane: (2005) Qualitätsverständnis von ProduzentInnen im Kinderfernsehbereich. In: Televizion „Also wenn's richtig gut ist – also *richitg* gut." 18/2005 München: IZI 2005, S. 53

Heidtmann, Horst: Hörfunk für Vorschulkinder In: (1994) Deutsches Jugendinstitut (Hg.): Handbuch Medienerziehung im Kindergarten, Teil 1, Opladen, S. 323-329

Heidtmann, Horst: „Heiter sind wir, immer froh, wir und unsere Tante Jo". Zur Geschichte in der Bundesrepublik. In: (2002) Alle mal herhören: Kinder wollen Radio, hg. Von der Gesellschaft für Medienpädagogik und Kommunikationskultur, Bielefeld S. 8-9

Heidtmann, Horst: Impulsreferat für die Fachtagung „Kinderradio im Bürgerfunk": Förderung von Medienkompetenz durch Kinderradio (2004) Hildesheim

Herrlich; Tulodziecki; Weritz; Walther: (2003) Mediennutzung von Kindern und Jugendlichen. Fernuniversität in Hagen / Universität Paderborn Kursnummer 04910 (www.learn-line.nrw.de)

Hickethier, Knut: (1997) Radio und Hörspiel im Zeitalter der Bilder. In: AUGEN-BLICK. Radioästhetik – Hörspielästhetik. Marburger Hefte zur Medienwissenschaft 26. Schüren Presseverlag Marburg S. 6-20

Hinrichs, Michael: (1988) MedienentTäuschung; Verlag Heinrich Möller Söhne GmbH & Co. KG, Rendsburg

Kuchenbuch, Katharina; Simon, Erk: (2004) Medien im Alltag Sechs- bis 13-Jähriger: Trends, Zielgruppen und Tagesablauf. In: Media Perspektiven 9/2004 S. 441-452

Leidner, Daniela; Scherer, Helmut: (1997) Vorschulkinder und Fernsehwerbung In: Scherer, Helmut; Brosius, Hans-Bernd: Zielgruppen, Publikumssegmente, Nutzergruppen – Beiträge aus der Rezeptionsforschung; R. Fischer Verlag, München S. 141-163

Medienrat Berlin/Brandenburg: (2004) Beschluss des Medienrates zur Auswahl von Veranstaltern für die UKW-Hörfunkfrequenz 106,8 MHz in Berlin

Meisel, Christian: (2005) Resonanzuntersuchung – Umfrage Radio TEDDY FH Stendal – Institut für Medienmanagement

Meister, Dorothee M.: (2001) „Schlüsselbegriff der Wissensgesellschaft" In: Gesellschaft für Medienpädagogik und Kommunikationskultur „Medienkompetenz in Theorie und Praxis", Bielefeld

Meyn, Herrmann: (2004) „Massenmedien in Deutschland" UVK Verlagsgesellschaft mbH, Konstanz

Mikos, Lothar: (2005) Qualität kommt nicht nur von Können. In: Televizion „Also wenn's richtig gut ist – also *richtig* gut." 18/2005 München: IZI 2005, S. 72ff

Müller, Susanne: (2001) So wird´s gemacht! Wie alles zusammenpasste und der KI.KA entstand. In: (2002) Alle mal herhören: Kinder wollen Radio, hg. Von der Gesellschaft für Medienpädagogik und Kommunikationskultur, Bielefeld S. 14-15

Ohde, Horst: (1997) Radio in Deutschland. In: AUGEN-BLICK. Radioästhetik – Hörspielästhetik. Marburger Hefte zur Medienwissenschaft 26. Schüren Presseverlag Marburg S. 88-102

Paus-Haase, Ingrid: (2001) Radiostudie http://www.sbg.ac.at/ipk/abteilungen/av_mm/pdfs/av/ (11.09.2006)

Paus-Haase, Ingrid; Elling, Elmar: (1999) Kinder und Hörfunk – Eine annotierte Bibliographie http://www.nlm.de/doku/biblio.doc (18.8.2006)

Paus-Hasebrink, Ingrid: (2004) Zehn gute Gründe für ein Kinderradio aus der Sicht der Medienforschung. In: Schill, Wolfgang; Linke, Jürgen; Wiedemann, Dieter (Hrsg.): Kinder & Radio. München: kopaed

Ragg, Martin: (2005) reticon–report: Öffentlich-rechtliche Kinderradio-Sendungen. Bildung und Neue Medien (www.reticon.de)

Reinhold, Albert (Hrsg.): (2006) ALM Jahrbuch 2005; Vistas Verlag

Radio TEDDY: (2006) Endlich gibt´s ein Radio für uns – Mediadaten 2007

Radio TEDDY: (2006) Server – Resonanzuntersuchung

Schill, Wolfgang; Baacke, Dieter (Hrsg.): Kinder und Radio. GMK - Schriften zur Medienpädagogik, Band 23. Frankfurt: GEP-Buch

Schill, Wolfgang; Linke, Jürgen; Wiedemann, Dieter (Hrsg.): (2004) Kinder & Radio. München: kopaed

Schmidbauer, Michael; Löhr, Paul: (1985) Der Markt der kommerziellen Kindermedien – Eine Dokumentation. Schriftenreihe Internationales Zentralinstitut für das Jugend- und Bildungsfernsehen Nr. 20. München

Schramm, Holger: (2001) Unterhaltungsmusik – Musik zur Unterhaltung. Zeitschrift für Medienpsychologie, 13 (N.F.1) 3 (S. 125 – 137). Hogrefe-Verlag, Göttingen

Spreng, Manfred: (2004) Physiologische Grundlagen der kindlichen Hörentwicklung und Hörerziehung. Institut für Physiologie, Universität Erlangen (http://www.ifak-kindermedien.de/pdf/vortragspreng.pdf#search=%22 physiologische %20Grundlagen%20der%20kindlichen%20H%C3%B6r entwicklung%22, 1.10.2006)

Theunert, Helga; Lenssen, Margit; Schorb, Bernd: (1995) „Wir gucken besser fern als ihr!" Fernsehen für Kinder. München: KoPäd Verlag

Wegener, Matthias: (1996) Arbeitspapiere zu Bax Blubber, Stand: 20.Mai 1996

Wichert, Lothar: (2005) Radioprofile in Berlin-Brandenburg. Die privaten und ein öffentlich-rechtliches Programm im Vergleich. Schriftenreihe der medienanstalt belin-brandenburg Band 19. Berlin: Vistas Verlag

Widert, Lothar: (2005) Radiogipfel – Senderfamilien und Vielfalt, Medienanstalt Berlin Brandenburg Fachtagung am 31.10.2005 (http://www.mabb.de/start.cfm?content=Veranstaltungen&template=veranstaltung sanzeige&id=1275)

Zweites Deutsches Fernsehen: (2006) Jahrbuch 2005 Dokumentation, Mainz

8.2 Onlinequellen

Gründel, Niels: 2004 http://www.rein-hoeren.de/impressum.shtml (25.11.2006)

KI.KA: http://www.kika.de/kika/empfang/satellit/index.shtml (16.12.2006)

Medienrat Berlin-Brandenburg: Pressemitteilung 08.10.2004 (www.mabb.de)

NDR: www.ndr.de Suchbegriff: Hörfunk: ttp://www1.ndr.de/ndr_pages_std/0,2570,
OID238668 ,00.html#Hörfunk (12.12.2006)

Radijojo: www.radijojo.de (Oktober/November 2006)

Radio datatrak: (2002) M Street Publications; Littleton, NH

www.precisiontrak.com/RDTSample.pdf (22.8.2006)

RBB: http://www.rbb-online.de/_/themen/beitrag_jsp/key=teaser_3262785.html
(25.11.2006)

Rundfunkstaatsvertrag (Staatsvertrag für Rundfunk und Telemedien) vom 31. August
1991, zuletzt geändert durch den Neunzehnten Rundfunkänderungs-staatsvertrag
vom 3. bis 7. Dezember 2015
http://www.ard.de/download/538848/Staatsvertrag_fuer_Rundfunk_und_Telemedi
en_in_der_Fassung_des_19__Aenderungsstaatsvertrags_vom_3__bis_7__12__
2015.pdf (18.10.2017)

Schill, Wolfgang: Schrift zur Tagung Kinder und Radio 12. und 13.9.2003
http://www.ifak-kindermedien.de/pdf/Radiotagung.pdf (04.12.2006)

Televizion: Qualität von Kinderfernsehen http://www.br-online.
de/jugend/izi/deutsch/publikation/televizion/18_2005_2.htm# (12.10.2006)

Walther, Miriam: Überblicksartikel Medienkompetenz Teil1 http://www.aktiv-fuer-
kinder.de/index.php?id=1723 (10.8.06)

WDR: www.wdr.de/radio/radiohome/aktionen6/kiraka_-_der_webchannel
_fuer_kinder... (9.10.2006)

http://www.kgw.tu-berlin.de/lehre/lehrveranstaltungen/radio100000/Radio-und-
Fersehgeschichte-Zeitafel.pdf#search=%22radio%20definition%22 (22.8.2006)

www.radioguide.com (28.7.2006)

www.blinde-kuh.de (16.8.2006)

http://www.ard-werbung.de/services/basics/radio/ (25.8.2006)

http://server02.is.uni-sb.de/courses/ident/themen/gesch_rundfunk/geschichte.php
(26.8.2006)

www.lgl.bayern.de/gesundheit/ arbeitsplatz_umwelt/ physikalische_umweltfaktoren/
laerm_grundlagen.htm (20.02.2017)